Konrad-Adenauer-Stiftung (Hg.)

Denker für morgen

Denker für morgen

Herausgegeben
von der Konrad-Adenauer-Stiftung

HERDER

FREIBURG · BASEL · WIEN

MIX
Papier aus verantwortungsvollen Quellen
FSC® C106847
www.fsc.org

www.herder.de

Umschlaggestaltung: Christian Langohr, Freiburg
Umschlagmotiv: © Konrad-Adenauer-Stiftung e.V.

Satz: Barbara Herrmann, Freiburg
Herstellung: fgb · freiburger graphische betriebe
www.fgb.de

Printed in Germany

ISBN 978-3-451-30658-7

Inhaltsverzeichnis

Vorwort

Neuem Denken und neuen Köpfen Raum zu geben, ist eine Kernaufgabe der Konrad-Adenauer-Stiftung. Mit den Denkern für morgen haben wir junge Menschen aus unterschiedlichsten akademischen Disziplinen und mit vielfältigen Hintergründen zusammengerufen, damit sie sich über die Grundlagen der Zukunft austauschen. Die intensiven Gespräche mit aktiven und ehemaligen Politikern haben für die nötige intellektuelle Reibung gesorgt und dem Diskussionsprozess zur nötigen Bodenhaftung verholfen. Durch das Projekt sind Querverbindungen inhaltlicher und personeller Art für die Arbeit der Konrad-Adenauer-Stiftung entstanden.

In diesem Buch sind die Schritte des Prozesses dargestellt und zentrale Ergebnisse dokumentiert. Die Denker für morgen sind selbständig. Die erarbeiteten Thesen und Positionen sind alleine ihr Werk. Die Konrad-Adenauer-Stiftung hat die Denker für morgen auf dem Weg zu gemeinsamen Thesen unterstützt, macht sich diese aber nicht zu eigen.

Die Autoren orientieren sich an den Begriffen »Gemeinwohlstand«, »Verantwortungsfähigkeit« und »Partizipation«, die sie als die wichtigsten Felder gesellschaftspolitischen Diskurses erkannt haben. So macht Christian Schüle im abschließenden Text den Versuch, den Stand der Debatten unter ein Dach zu bringen. Nicht alle Thesen und Bewertungen sind konsensfähig, daher handelt es sich nicht um ein von allen Autoren vertretenes Schlussdokument, vielmehr spiegelt der Text den Debattenverlauf wider.

Mit ihren Beiträgen und Thesen bewegen sich die Denker für morgen nicht abseits der wichtigen politischen Diskussionen unserer Zeit, sondern mitten in ihnen. Einige der Denker für morgen geben in diesem Band über Verbindendes hinaus interessante Einblicke aus ihren Fachdisziplinen und beruflichen Hintergründen. Nicht um eine Vollerhebung der gesellschaftlichen Trends von morgen darzustellen – vielmehr als Kaleidoskop der Perspektiven. So ist die Frage der Denker für morgen nicht »Was wird kommen?«, sondern sie fragen »Was ist möglich und was wollen wir?«. Der Leser wird nicht jedes Szenario mit gleichbleibendem Enthusiasmus für sich und die Gesellschaft von morgen annehmen, aber auch Widerspruch regt bekanntlich zum Nach- und Weiterdenken an.

Zu danken ist an dieser Stelle Caroline Waldeck und Christian Schüle sowie Carolin Paulus und Ullrich Hettinger für Begleitung und handfestes Mitdenken. Ein außergewöhnlicher Dank gebührt dem »Denker« Hergen Wöbken, der sich in besonderer Weise um dieses Buch verdient gemacht hat.

Michael Thielen
Generalsekretär der Konrad-Adenauer-Stiftung

Werkstattbericht

Denker für morgen

Im Sommer 2010 initiiert die Konrad-Adenauer-Stiftung das Projekt *Denker für morgen*.

Das Ziel: Junge Menschen zwischen 20 und 40 Jahren mit ersten wissenschaftlichen oder beruflichen Meriten sollen eingeladen werden, über die Frage zu diskutieren, was die Gesellschaft von morgen zusammenhält. Damit will die Stiftung jungen Denkern eine Plattform bieten, um Positionen zu zentralen gesellschaftlichen Zukunftsfragen zu formulieren und Perspektiven für politisches Handeln mitzuentwickeln.

Fragen aus der Einladung:

1. Welches sind aus Ihrer Sicht auf die Bundesrepublik und ihre Gesellschaft jene Themenfelder, die das globalisierte Deutschland in den nächsten Jahren und Jahrzehnten maßgeblich prägen werden?

2. Wie würden Sie erstens den realen Ist- und zweitens den idealen Soll-Zustand der Republik – die »nächste Gesellschaft« – beschreiben?

3. Was müsste sich aus Ihrer Sicht ändern, damit eine Gesellschaft, wie Sie sie gerade skizziert haben, möglich wird?

4. Wie könnten Sie sich aus Ihrer persönlichen und beruflichen Erfahrung heraus an den aus Ihrer Sicht notwendigen Veränderungen beteiligen?

Achtzig Frauen und Männer unter vierzig Jahren werden von der Konrad-Adenauer-Stiftung angeschrieben. Sie stammen aus unterschiedlichen Disziplinen – darunter Theologie, Rechtswissenschaften, Sozial-, Natur- und Geisteswissenschaften, Design und Kunst. Vierzig Eingeladene entscheiden sich mitzumachen. In den nächsten zwei Jahren folgt eine Reihe von Begegnungen, Diskussionen und Reisen in unterschiedlichen Konstellationen und an verschie-

Villa la Collina, Tagungsstätte der Konrad-Adenauer-Stiftung im italienischen Cadenabbia

Brainstorming und Themenfindungsphase in Cadenabbia

Kennenlernen der »Denker für morgen« in Cadenabbia

denen Orten. Eine Website wird eingerichtet: www.denker-für-morgen.de. Hier sollen Gespräche und gemeinsame Aktivitäten dokumentiert werden.

Den Auftakt bildet im November 2010 eine dreitägige Tagung in Cadenabbia am Comer See. In der Villa La Collina der Konrad-Adenauer-Stiftung diskutieren die Denker über ein Wertefundament für das Zusammenleben künftiger Generationen in Deutschland. Als Ergebnis werden drei Oberbegriffe identifiziert, die die weitere Diskussion gliedern sollen: *Partizipation, Verantwortungsfähigkeit, Gemeinwohlstand.*

Nach dem ersten Treffen am Comer See formieren sich aus dem Kreis der *Denker für morgen* drei Arbeitsgruppen, die die Überlegungen zu Partizipation, Verantwortungsfähigkeit und Gemeinwohlstand vertiefen. Ergänzend zum Ergebnisprotokoll von Cadenabbia entstehen hierzu Aufzeichnungen, die zu einem Papier weiterentwickelt werden sollen.

Politikergespräch mit Roland Koch

Der Gedanke der Konrad-Adenauer-Stiftung ist es, die *Denker für morgen* regelmäßig ins Gespräch mit aktiven Politikern zu bringen, um auf diese Weise eine Realitätsprüfung herzustellen und Bodenhaftung zu behalten. Ein erstes solches Politikergespräch findet im Februar 2011 statt: Der ehemalige hessische Ministerpräsident und heutige Vorstandsvorsitzende der Bilfinger Berger AG, Roland Koch, diskutiert in der Berliner Akademie der Konrad-Adenauer-Stiftung mit den *Denkern für morgen* über die in den Papieren festgehaltenen Positionen. In seinem Impulsvortrag greift Koch die Themen Verantwortungsfähigkeit und Gemeinwohlstand auf. Sein Interesse gilt vor allem dem spannungsreichen und komplexen Verhältnis zwischen Freiheit und Verantwortung, das er anhand von zahlreichen konkreten Erfahrungen seiner politischen Tätigkeit veranschaulicht. Roland Koch stellt klar, dass seiner Auffassung nach Verantwortung nur im Kontext mit Freiheit zu denken sei. Zentral seien dabei zwei Fragen: Ist die Gesellschaft in der Lage, als Kollektiv mit Entscheidungen umzugehen, die von anderen getroffen wurden? Und wie befähigt man Menschen dazu, durch ihre moralische Verantwortung auch ihre gesellschaftspolitische bzw. kognitive Rolle und Verantwortung zu spüren? In Deutschland, aber auch in anderen Sozial- bzw. Wohlfahrtsstaaten, sei, so führt Koch aus, vor allem in den 70er und 80er Jahren die Verantwortung des Einzelnen für sich und andere durch die Legislative immer mehr an den Staat übertragen worden. Resultat dieser Abgabe von Verantwortung sei der »Dienstleistungsstaat«, d. h. ein Staat, der mit einer gigantischen, bürokratisch organisierten Regelungsverantwortung ausgestattet ist, die tief in die Daseinsfürsorge jedes Einzelnen und der gesellschaftlichen Gruppen greift: Eine neue Form von Obrigkeitsstaat, der Solidarität und Gerechtigkeit mechanisch zu organisieren versucht.

Zweites Kolloquium in Wendgräben
im September 2011

Begegnungsstätte Bildungszentrum
Schloss Wendgräben der
Konrad-Adenauer-Stiftung

Ralf Retter, Roman Brinzanik, Daniel Klingenfeld,
Hergen Wöbken (v.l.n.r.) in Wendgräben

Arbeitsgruppentreffen: v.l.n.r. Christian Blum,
Christoph Busch, Christian Schüle

Anknüpfend an die Klausur in Cadenabbia treffen sich die *Denker* im April 2011 zu einer Fortsetzung der Diskussion im Schloss Wendgräben bei Magdeburg. Die Diskussion mündet in eine Überarbeitung der Arbeitsgruppentexte. Ein weiteres Kolloquium in Wendgräben im September 2011 dient der Vertiefung der Debatten über die drei Themen und der Vorbereitung einer Publikation, die die Zwischenbilanz der Diskussionen der *Denker für morgen* in Form von Einzelessays für die Öffentlichkeit aufbereiten und zur Beteiligung animieren soll.

Im Berliner Münzsalon unterziehen die *Denker für morgen* im Oktober 2011 die Ergebnisse ihrer fast einjährigen Diskussion einer Realitätsüberprüfung durch die Politik. Die Hauptthesen der drei Arbeitsgruppen – Partizipation, Verantwortungsfähigkeit und Gemeinwohlstand – werden von jeweils einem Denker zusammengefasst und im Gespräch mit den Elder Statesmen Ministerpräsident a.D. Prof. Dr. Kurt Biedenkopf, Staatssekretär a.D. Prof. Dr. Gerd Langguth und Prof. Dr. Heinrich Oberreuter kritisch durchleuchtet. An dem ganztägigen Forum nehmen neben den

Eröffnungsvortrag durch Clemens Albrecht auf dem »Denker für morgen«-Forum im Münzsalon Berlin

Denkern für morgen auch weitere externe Gäste teil. Die Einführung in die Themen übernimmt der Soziologe Prof. Dr. Clemens Albrecht von der Universität Koblenz-Landau.

Der Soziologe Clemens Albrecht zählte in den Thesenpapieren 27-mal das Wort Gesellschaft und kommt daher in seinem Impulsreferat zu der Frage, was der Begriff überhaupt bedeutet. Die Konzentration auf diesen einen Begriff könne zu einer Verengung bei Lösungsansätzen führen, warnt Clemens Albrecht. Als Beispiel nennt er die Reform der Krankenversicherung: »Vom Staat her gedacht müsste dabei die Verschuldungsminimierung das Ziel sein, ein gesellschaftliches Ziel wäre dagegen die Bekämpfung sozialer Ungleichheit.« Das gesellschaftliche Ziel sei aber nicht immer automatisch das einzig wichtige.

Verantwortungsfähigkeit

Sebastian Martens:
»... Und wir müssen es schaffen, gerade auch wenn der eigene Beitrag minimal ist, dass wir uns dann trotzdem verantwortlich fühlen, dass wir unsere Entscheidungen moralisch verantwortlich treffen. Dass wir sie als moralische Entscheidung begreifen und dann unseren kleinen Beitrag leisten und nicht verzweifeln, weil er nur klein ist. Er ist bei allen klein. Das ist aber gerade der Vorteil unserer modernen Gesellschaft. Jeder kann mitmachen und dadurch wird der einzelne Beitrag klein, aber er ist nicht vernachlässigbar. Wir sind wichtig und wir müssen das auch begreifen.«

Feedbackgespräche im Münzsalon: »Denker für morgen« Christian Schüle mit Moderatorin Birgit Wentzien-Ziegler und Heinrich Oberreuter (v.l.n.r.)

»Denker für morgen« Daniel Klingenfeld, Potsdam-Institut für Klimafolgenforschung

Gemeinwohlstand

Kurt Biedenkopf:
»Ich finde den idealistischen Ansatz, den Sie wählen, überzeugend. Nur: Es ist ein weiter Weg von diesem idealistischen Zugang zu den Problemen und der Operationalität von Antworten ... *Meine Idee ist, dass pragmatisches Handeln in einem Wertekorridor angesiedelt ist.* Und dass Sie sich danach befragen lassen müssen, ob die Werte verletzt werden durch die pragmatische Lösung ... Wer wirklich Macht hat, ist derjenige, der die Wertschöpfung organisiert. Und die alten Menschen werden sehr schnell feststellen, dass es sinnvoll ist, sich auf die jüngeren auszurichten und mitzuhelfen. Und das wird auch passieren ...«

»Denker für morgen« Gesprächspartner Kurt Biedenkopf

»Denker für morgen« Hergen Wöbken mit Moderatorin Birgit Wentzien-Ziegler und Gerd Langguth (v.l.n.r.)

Caroline Waldeck und Carolin Paulus, Münzsalon Berlin

Partizipation

Gerd Langguth:
»Ob es in einer politischen Partei ist oder ob es bei einer Nachbarschaftsorganisation oder sonst was ist, das will ich jetzt gar nicht sagen. Aber das Problem, was ich bei vielen, auch Ihrer Generation, sehe, ist: Man lässt den lieben Gott einen guten Mann sein. Aber im Grunde engagieren sich viele in Ihrer Generation überhaupt nicht und bringen sich nicht in die Gesellschaft ein. Und ich finde, mit Ihrem Potential, das ich hier in dem Text gefunden habe, werden Leute wie Sie gebraucht.«

Als internationale Ergänzung zu den drei Schwerpunktthemen ist Ende Mai 2012 Bundespräsident a.D. Prof. Dr. Horst Köhler zum Thema »Trends und Entwicklungsperspektiven in der Einen Welt« zu Gast bei den »Denkern für morgen«. In einem spannenden und lebhaften Vortrag geht der ehemalige Bundespräsident und frühere IWF-Chef zunächst auf Strukturelemente der Globalisierung ein, um dann ausführlich über die Entwicklung in Afrika Stellung zu nehmen. Die Debatte dreht sich vielfach um Fragen nach Wachstumsperspektiven, die Rolle des Westens und die Verschuldungskrise. Bundespräsident a.D. Köhler sieht Europa als weltpolitischen Akteur vor dringenden Richtungsentscheidungen. Dabei sei Europa alles andere als chancenlos im Wettbewerb mit asiatischen Herausforderern. Zentral ist für Köhler, dass die Doppelstandards westlicher Industrieländer im Umgang mit aufholenden Nationen ein Ende haben müssten. In einer lebendigen Diskussion debattieren die »Denker« mit dem ehemaligen Staatsoberhaupt auch über die aktuelle Verschuldungskrise und über Perspektiven einer neuen Weltordnung.

Horst Köhler im Gespräch

Mechthild Baumann

Zukunftsthemen – Zukunftsthesen

Mechthild Baumann

Für eine Wahlpflicht

Das Verhältnis zwischen Staat und Bürger ist in den letzten Jahren wieder stärker in den Fokus der Öffentlichkeit gerückt. Es ist gut und richtig, dieses Verhältnis immer wieder kritisch zu hinterfragen, es auf seine demokratische und politische Stabilität hin kontinuierlich zu überprüfen; insbesondere dann, wenn sich die gewohnten, nationalstaatlich orientierten Entscheidungsstrukturen zunehmend entstaatlichen und dezentralisieren und wenn gleichzeitig der – ob nur wahrgenommene oder real existierende – Abstand zwischen politischen Entscheidungsträgern und Bürgern sich zunehmend vergrößert.

Diese Entwicklung führt nicht, wie oftmals angenommen, zu einem abnehmenden Interesse der Bürger an Politik. Der Politikwissenschaftler Dieter Rucht kommt zu dem Ergebnis, dass das allgemeine Interesse an Politik über die Jahre stabil geblieben und Protestbewegungen zugenommen haben. Betrachtet man Bürgerbeteiligung gar aus der Nähe, wird man feststellen, dass sich über die Jahre ein enges Geflecht verschiedener Partizipationsformen herausgebildet hat. Markus Steinbrecher weist rund 70 verschiedene Formen aus! Sie werden nach den Dimensionen Verfasstheit, Legalität, Legitimität und Direktheit unterschieden. Verfasst ist Beteiligung, wenn sie gesetzlich geregelt ist, wie z. B. Wahlen und Abstimmungen, nicht verfasst wären Bürgerinitiativen. Legale Beteiligungsformen sind gesetzeskonform, illegal sind beispielsweise Straßenblockaden. Legitim ist eine Beteiligung, wenn sie möglichst viele Mitglieder einer politischen Gemeinschaft umfasst. Eine direkte Beteiligung wäre z. B. die Direktwahl eines Bürgermeisters oder die Teilnahme an einer Demonstration, indirekt sind die Wahlen zum Bundestag durch die Zweitstimme. Anhand dieser Dimensionen können alle 70 Partizipationsformen, zu denen auch Elternbeiräte, Betriebsräte, Stadtteilräte, Studentenvertretungen, Engagement in Interessengruppen wie Amnesty International gehören, eingeteilt werden. Zwischenfazit: Politische Beteiligung wird praktiziert, die Demokratie ist also nach wie vor lebendig.

Gleichwohl sinkt die Wahlbeteiligung seit den 1970er Jahren konstant. Jetzt kann man argumentieren, die sinkende Wahlbeteiligung werde durch andere Formen der Bürgerbeteiligung ausgeglichen. Das ist richtig, wenn man Partizipation allein unter dem Aspekt gelebter Demokratie versteht. Aus zwei Gründen reichen diese zivilgesellschaftlichen Beteiligungsformen jedoch nicht aus: Erstens engagieren sich hier überdurchschnittlich viele gebildete Bürger. Diese Partizipationsformen sind also nicht repräsentativ und verzerren damit die Auswahl und Intensität der vertretenen Forderungen. Zweitens, handelt es sich bei diesen Formen um »single issue«-Angelegenheiten, die jeweils sehr spezielle Probleme adressieren. Damit legitimieren sie nicht die politischen Entscheidungsträger, also mittelbar Abgeordnete und unmittelbar Mitglieder der Regierung auf Kommunal-, Länder- und Bundesebene.

Mit anderen Worten: Wahlen sind unverzichtbar, weil sie im Gegenzug zu anderen Beteiligungsformen gleich sind, damit also alle Bevölkerungsschichten und -teile ansprechen und weil sie politische Entscheidungen legitimieren. Demokratie ist eine Herrschaftsform, und zwar Herrschaft durch das Volk. Diese Herrschaft übt das Volk durch politische Teilhabe vor allem in Form von Wahlen aus. Die Beteiligung an den Bundestagswahlen 2009 lag mit 70,8 % so niedrig wie nie zuvor in der Bundesrepublik. Verglichen mit kommunalen oder Landtagswahlen ist dies noch »Jammern auf hohem Niveau«. Die Beteiligung bei den letzten Wahlen zu den Landtagen variiert zwischen 70,6 % in Mecklenburg-Vorpommern und 50 % in Bayern. Das Europaparlament wählten 2009 in Deutschland sogar nur 43,3 % der Wahlberechtigten. Viele Bürger wählen nicht, weil sie nicht davon überzeugt sind, mit ihrer Stimme den Prozess der Willensbildung beeinflussen zu können, und weil sie sich nicht als politisch kompetent einschätzen. Je weiter »oben« im politischen Mehrebenensystem das Parlament angesiedelt ist (Bundestag und Europaparlament), umso ferner erscheinen vielen

Bürgern die politischen Inhalte und Prozesse. Für viele Bürger sind die komplexen Entscheidungsprozesse und die damit verbundenen Konsequenzen zudem immer weniger nachvollziehbar.

Wie tragisch diese Passivität ist, führt uns die globale Schuldenkrise derzeit mehr als deutlich vor Augen. Wird Deutschland mehrere hundert Milliarden Euro für Griechenland zahlen müssen? Dies hätte weitreichende Konsequenzen für das Leben aller in der Bundesrepublik. Ebenso weitreichend wären die Konsequenzen, sollte es den Regierungen der EU-Mitgliedstaaten misslingen, die Schuldenkrise in den Griff zu bekommen. Aber anstatt sich jetzt verstärkt einzubringen, machen die meisten Bürger das Gegenteil – sie ziehen sich zurück. Das ist tragisch, wenngleich auch verständlich. Niemand – wirklich niemand – kann von sich behaupten, die globale Schuldenkrise in ihrer vollständigen Komplexität erfasst zu haben. Und niemand kann prognostizieren, was noch kommt. Aber auch eine komplexe Realität entbindet die Bürger nicht von ihrer Pflicht, sich in die politische Willensbildung einzubringen.

Um die Bürger von der Wahrnehmung ihrer Bürgerrechte, und dazu gehört auch die Wahl der »Volksvertreter«, zu überzeugen und um die Auseinandersetzung mit politischen Themen zu forcieren, wurde seit den 1970er Jahren die politische Bildung verstärkt. Mit ihrer »Erziehung zur Emanzipation« soll sie Bürger dazu ermutigen, sich mit gesellschaftspolitischen Themen auseinanderzusetzen, ihre eigene Meinung zu bilden und am Willensbildungsprozess teilzuhaben. In weiten Teilen war die politische Bildung damit auch erfolgreich. Viele Angebote werden von Schulen wahrgenommen, aber auch für Erwachsene gibt es zahlreiche Bildungsangebote zu allen politischen Themen des Universums. Gerade bei den Erwachsenen ist aber festzustellen, dass diese Angebote zum einen eher von Personen mit höheren Bildungsabschlüssen wahrgenommen werden und zum anderen nur diejenigen Personen erfassen, die sich aktiv dafür interessieren. Bildungsferne Bürger zu erreichen, ist sehr schwierig, sie von der Teilnahme an politischen Bildungsveranstaltungen zu überzeugen, ist eine große Herausforderung. Das heißt, politische Emanzipation erfolgt hauptsächlich bei gebildeteren Bürgern. Der Beitrag, den die politische Bildung leisten kann, um Bürger bei der Wahrnehmung ihres politischen Selbstbestimmungsrechts zu unterstützen, ist in bildungsfernen Schichten mehr als begrenzt.

Da es offenbar nicht gelingt, alle Wahlbeteiligten zu einer Wahlteilnahme zu motivieren, spreche ich mich deshalb für die *Einführung einer Wahlpflicht* aus. Eine Wahlpflicht, die jeden Bürger dazu verpflichtet, an den kommunalen, regionalen und bundesweiten Wahlen teilzunehmen. Wer nicht wählt, muss mit einer Geldbuße rechnen. Kranke und andere Verhinderte werden entschuldigt. Folgende Gründe sprechen für die Einführung einer Wahlpflicht:

Wahlen legitimieren. Ein Staat ist nach Wolfgang Abendroth nur dann demokratisch, wenn er allen Bürgern die Chance bietet zu partizipieren und die meisten dann auch von diesem Angebot Gebrauch machen. Es ist Ausdruck der Souveränität des Volkes, wenn diejenigen, die von einer Entscheidung betroffen sind, an der Willensbildung teilhaben können. Wahlen sind das Hauptinstrument zur Erzeugung von Legitimation in demokratischen Staaten. Somit sind die in Deutschland gewählten Parlamente diejenigen Institutionen mit der stärksten Legitimation, denn sie sind durch allgemeine, gleiche, geheime und freie Wahlen hervorgegangen. Eine nicht legitimierte Regierung handelt nicht mehr rechtmäßig.

Doch ab wann sind ein Parlament und eine Regierung legitimiert? Bei 80 % Wahlbeteiligung wie früher? Wo liegt die Schmerzgrenze? Ist eine Regierung, die – mittelbar – von 40 % der Wahlberechtigten gewählt wurde, hinreichend legitimiert? Über einzelne Zahlwerte lässt sich streiten. Wichtig ist, dass das Maximum der Bürger sich an den Wahlen beteiligt. Das Wahlvolk muss die Regierenden legitimieren; es muss sie beauftragen, im Namen des Volkes und auf dessen Rechnung Entscheidungen zu treffen. So formulierte schon Alexis de Tocqueville: »In den Nationen, in denen die Lehre der Volkssouveränität herrscht, ist jeder Einzelne ein gleiches Glied der Herrschaft, und er nimmt in gleicher Weise an der Staatsregierung teil.«

Regierungshandeln misst sich auch durch die Ergebnisse und legitimiert sich durch diese. In der Politikwissenschaft spricht man hier von Output-Legitimität, die Fritz Scharpf als die »Fähigkeit politischer Einheiten zur Lösung von Problemen« umschreibt. Damit ist gemeint, dass eine Entscheidung nicht immer durch die Bürger legitimiert gewesen sein muss; es reiche auch, wenn die Entscheidung am Ende zum Nutzen oder zum Wohle der Bürger gereicht. Doch die Output-Legitimität kann nicht isoliert stehen, sie braucht auch die Input-Legitimität, denn der Output ist nicht immer für alle gleich. So führt beispielsweise die Senkung der Lohnstückkosten in Deutschland zu mehr Wettbewerbsfähigkeit, aber auch zu prekären Beschäftigungsverhältnissen. Keine Regierung kann auf Dauer einen positiven Output für alle Bürger sicherstellen, weshalb gerade für »unangenehme« Entscheidungen die Input-Legitimität wichtig ist.

Wahlen sind sozial gerecht. Um sich politisch zu interessieren und zu beteiligen, ist der Zugang zu Informationen und die Fähigkeit, diese Informationen zu verarbeiten, Voraussetzung. Interesse, Informationszugang und -verarbeitung sind jedoch bildungsabhängig. So erklärt sich, dass die meisten zivilgesellschaftlichen Beteiligungsformen, seien es Bürgerinitiativen, Bürgerhaushalte oder auch e-democracy, gebildete Bürger ansprechen, eine Entwicklung, die Rudolf Steinberg, emeritierter Professor für öffentliches Recht, mit »sozialer Selektivität der Beteiligung« umschreibt.

Und da Bildung in Deutschland immer noch vom sozialen Status der Eltern abhängig ist (laut Mirkozensus besuchen 47,6 % Kinder von Beamten, aber nur 17,1 % Kinder von Arbeitern die gymnasiale Oberstufe), ist Bürgerdemokratie in weiten Teilen Deutschlands ein Mittel- und Oberschichtenphänomen. Der Hamburger Volksentscheid zur Schulreform und »Stuttgart 21« illustrieren dies: Es gibt einen negativen Zusammenhang zwischen dem Anteil an Sozialleistungsempfängern und Bürgerbeteiligung (Rudolf Steinberg). In den Gegenden Hamburgs, in denen besonders viele sozial schwache Bürger wohnen, war auch die Wahlbeteiligung gering; in den »bürgerlichen« Bezirken war sie deutlich höher. Ähnliche Phänomene sind bei anderen Beteiligungsformen zu beobachten.

Bei Wahlen gibt es diese eklatant sozialen Unterschiede nicht. Wahlen sind nach Ute Schäfer, seit 2010 Ministerin für Familie,

Kinder, Jugend, Sport und Kultur des Landes Nordrhein-Westfalen, »die am wenigsten sozial verzerrte Form politischer Teilhabe«. Sie adressieren alle Wahlberechtigten: Frauen und Männer, Alte und Junge, Gebildete und Ungebildete, Arme und Reiche. Wahlen bergen so das Potential, die Gleichheit der Bürger – nicht nur vor dem Gesetz, sondern auch in der Praxis – zu gewährleisten. Wahlen geben auch inaktiven und unpolitischen Bürgern die Möglichkeit, sich zu beteiligen, mehr noch: sie werden von ihnen als Instrument der Willensbildung akzeptiert.

Eine Pflicht zur Teilnahme an politischen Wahlen wäre deshalb eine Möglichkeit, die Legitimität der derzeitig »Herrschenden«, also der politischen Entscheidungsträger zu erhöhen. Zugleich würde eine Wahlpflicht auch diejenigen fordern, die sich anderweitig nicht beteiligen. Bürger würden nicht nur mit gleichen Rechten, sondern auch mit gleichen Pflichten ausgestattet. Jeder Bürger wäre so gezwungen, sich mit bevorstehenden Wahlen auseinanderzusetzen. Es bleibt ja letztlich jedem frei zu entscheiden, was er oder sie mit dem Wahlzettel macht. Man kann ihn durchstreichen und somit seine Unzufriedenheit mit den Kandidaten oder den politischen Themen zum Ausdruck bringen. Man kann sich dazu entscheiden, niemanden zu wählen. Aber diese Entscheidung wäre eine aktive und keine passive, wie dies durch Abstinenz bei der Wahl der Fall ist (anders liegt der Fall in autoritären Systemen wie der DDR, wo es viel Zivilcourage erforderte, nicht zu wählen). Somit wäre die Selbstbestimmung der Bürger immer noch gewährt.

Pflicht ist ein strapazierter Begriff, der häufig mit preußischem Drill und Kadavergehorsam gleichgesetzt wird. Immanuel Kant jedoch hat im 18. Jahrhundert einen Pflichtbegriff entwickelt, der auch heute seine Gültigkeit entfalten kann. So schreibt er in seiner »Grundlegung der Metaphysik der Sitten«: »Pflicht ist die Notwendigkeit einer Handlung aus Achtung fürs Gesetz.« Ein Handeln aus Pflicht soll nach Kant nicht von der Absicht, also der »Materie der Handlung« bestimmt werden, sondern aus der Haltung selbst. In diesem Sinne ist die Wahlpflicht Ausdruck der Anerkennung der Gesetze und gleichsam ein legitimierender Akt der Abgeordneten und mittelbar auch der Regierung.

Selbstverständlich müsste die Einführung einer Wahlpflicht begleitet werden von umfassenden, verständlichen, ansprechenden und kontrovers strukturierten *Informationsangeboten*. Allen Bürgern müsste die Möglichkeit gegeben werden, sich ohne große Anstrengung einen Überblick über politische Inhalte, Akteure und Willensbildungsprozesse zu verschaffen. Diese Angebote müssten sowohl Professoren mit High Speed Smartphone erreichen als auch Schulabbrecher ohne Internet-PC. So könnte das Problemverständnis der Bürger gefördert werden.

Auf diese Weise könnte die Wahlpflicht die *Deliberation* forcieren, Deliberation hier verstanden als »Form der kommunikativen Verständigung über die öffentlichen Angelegenheiten, die ihre legitimierende Kraft aus Meinungsbildungsprozessen gewinnt, an die die Beteiligten die Erwartung richten, dass ihr Ergebnis vernünftig sei« (Lars Holtkamp). Die wahlpflichtigen Bürger könnten stärker noch als jetzt eine politische Auseinandersetzung der Politiker mit ihnen einfordern; Wahlkampstrategien müssten anders ausgerichtet werden, weil Politiker nicht nur eine bestimmte Klientel, sondern das gesamte Wahlvolk ansprechen müssten. Gleichzeitig könnte die verstärkte Deliberation politischen Entscheidern als ein »Frühwarnsystem« (Claus Offe) dienen.

Durch eine stärkere Deliberation könnten schließlich politische Entscheidungen stärker an die Bürger zurückgebunden werden. So würde die Haftungsgemeinschaft aller deutlich gestärkt. Denn es geht bei Wahlen auch um Verantwortung; die tragen nicht nur die gewählten Politiker. Sie werden vom Volk beauftragt, sein Gemeinwohl herzustellen und zu gewährleisten, in seinem Namen und auf seine Rechnung. Letztlich verantwortlich bleibt das Volk. Und so ist deshalb die dringlichste Aufgabe unserer Zeit, den Bürger zu verdeutlichen, dass sie die Verantwortung, ja die Pflicht, zur Partizipation haben.

Markus Berger

Entwicklungsperspektiven ländlicher Regionen in demografisch schwierigen Zeiten

1. Der ländliche Raum hat ein Problem

Über die Hälfte der Weltbevölkerung wohnt seit 2007 in Städten. In wenigen Jahrzehnten werden es laut Daten der Vereinten Nationen schon gut zwei Drittel sein. Grund ist vor allem die fortschreitende Landflucht in Entwicklungsländern. Überraschend ist diese Tendenz nicht: Bevölkerungsbewegungen vom Land in die Stadt hat es immer gegeben. Zu einem Problem kann Urbanisierung aber werden, wenn – wie in vielen Industrieländern – ländliche Räume weder genügend eigenen Nachwuchs hervorbringen noch für Neubürger attraktiv genug sind, um die Weggezogenen zu ersetzen.

Vielerorts wird der ohnehin bereits spürbare demografische Wandel durch die Abwanderung gut ausgebildeter junger Leute zusätzlich beschleunigt. Ehrlicherweise muss deshalb festgestellt werden, dass der Abstieg ganzer Regionen nicht aufzuhalten sein wird. Denn die öffentliche Infrastruktur von wirtschaftsschwachen, immer dünner besiedelten Gegenden wird bei sinkenden Einnahmen kaum noch finanzierbar sein. Was folgt, ist der Abbau von Leistungen der Daseinsvorsorge: Schulen, Kindergärten und Krankenhäuser schließen, Straßen, Schienen und Telekommunikationsnetze werden alt und marode, Leitungen führen Wasser und Abwasser bei sinkendem Verbrauch irgendwann nicht mehr ab und verrotten.

Die ersten, die mit solchen Szenarien rechnen müssen, sind abgelegene Gegenden von Staaten mit besonders niedrigen Geburtenraten: die deutschsprachigen Länder, weite Teile Süd- und Osteuropas, aber auch die Industrienationen Ostasiens, vor allem Japan und Südkorea. Mittelfristig muss sich selbst ein dynamisches Land wie China auf düstere Zukunftsaussichten für Teile seines ländlichen Raums einstellen: Die vielen jungen Menschen, die in der Hoffnung auf bessere Lebensperspektiven ihre Heimat verlassen, kommen überwiegend vom Land. Und der demografische Übergang ist auch in China längst eingeleitet. Landflucht und zu geringe Geburtenraten führen in den ländlichen Regionen vieler Länder mittelfristig zu großen demografischen Herausforderungen.

2. Neue Fragen drängen sich auf

Was bedeuten diese Entwicklungen für die Bestimmung des Gemeinwohls in der Gesellschaft von morgen? Wie sieht Politikgestaltung in Regionen aus, für die neues Wachstum nicht mehr erreichbar ist und die sich zunehmend schwer tun, die Beteiligung ihrer alternden Bürger sicherzustellen? Woher können neue Impulse für ländliche Entwicklung in Zeiten des demografischen Wandels kommen?

Der Begriff »ländlich« ist dabei nicht einfach zu fassen. Großstadtnahe Pendlerkommunen gehören, selbst bei geringer Einwohnerzahl, normalerweise nicht zum ländlichen Raum. Vielmehr geht es um mäßig bis dünn besiedelte Regionen, die weniger starke Austauschbeziehungen mit einem großstädtischen Zentrum haben. In Anlehnung an eine Definition der Organisation für wirtschaftliche Zusammenarbeit und Entwicklung (OECD) kann man festhalten: In Europa und Nordamerika – für Ostasien gelten wegen der höheren Bevölkerungsdichte andere Zahlen – ist eine Region dann überwiegend ländlich, wenn 1) weniger als 150 Einwohner pro Quadratkilometer in ihr leben, 2) mindestens 50 Prozent der Bewohner dieser Region in ländlichen Gemeinden wohnen, also in Kommunen mit maximal 150 Einwohnern pro Quadratkilometer und 3) keine Großstadt über 200.000 Einwohner Teil des Gebiets ist.

Zunächst einmal scheint es unumgänglich, dass die politischen Entscheidungsträger offener und transparenter mit absehbaren Veränderungen umgehen. Nur wer weiß, was auf seine Umgebung zukommt, kann sich frühzeitig darauf einzustellen. Eine Bürgermeisterin, die damit rechnen muss, dass die Einwohnerzahl ihrer Gemeinde in absehbarer Zeit um 20 Prozent zurückgeht, wird genau abwägen: Ist es sinnvoll, weiteres neues Bauland für eine Einfamilienhaussiedlung am Ortsrand auszuweisen? Sollten nicht stattdessen die leer stehenden Häuser im historisch gewachsenen Ortskern so wiederhergerichtet werden, dass sie für Zuziehende attraktiv sind? Und in manchen Fällen ist es wohl schlauer, Geld zur Seite zu legen, um dauerhaft aufgegebene Gebäude abzutragen und so das verbleibende Ortsbild ansprechender zu gestalten. Ähnliche Probleme betreffen den Umgang mit Gewerbe und bestehender Infrastruktur. Es geht darum, die Realität der Schrumpfung zu akzeptieren.

3. Ländliche Regionen wagen die Neuausrichtung

Ein Wiedererstarken schwächelnder Regionen von vornherein auszuschließen, wäre freilich falsch. Solcherlei Pessimismus wird auch nicht von der Empirie bestätigt. Studien der OECD zeigen vielmehr einen Bewusstseinswandel in Dörfern und Kleinstädten hin zu einem »neuen Paradigma«[1]: Immer mehr ländlichen Räumen in den Industrieländern gelingt es, auch jenseits der landwirtschaftlichen Produktion, deren wirtschaftliche Bedeutung seit langem abnimmt, wahrgenommen zu werden. Sie bieten attraktive Wohnorte, fördern die Gründung von Unternehmen und vermarkten sich als starke Freizeit- und Urlaubsregionen. Zugleich leisten sie einen wichtigen Beitrag zum Schutz von Umwelt und Klima, wenn sie mit den natürlichen Ressourcen verantwortungsvoll umgehen und die Energieversorgung aus erneuerbaren Quellen fördern.

Besonders gut gelingt eine solche Neuausrichtung immer dann, wenn Politik die Ansätze zentraler, regionaler und lokaler Governance-Ebene zusammenbringt. Statt Entscheidungen ganz oben, in den meist sektoral organisierten staatlichen Institutionen, getrennt voneinander zu fällen und umzusetzen, zielen innovative Gestalter auf einen gemeinsamen, koordinierten Politikansatz.

Ganz unterschiedliche Beispiele belegen den Erfolg dieses Modells: So entwickeln Länder über politische Ebenen und Zuständigkeiten hinweg eine territoriale Politik für den ländlichen Raum und haben dabei den Mut, sich gegen konservative Agrarinteressen zu stellen. Andere setzen auf Partizipation der Bürger vor Ort, indem sie Landräten, Bürgermeistern und Regionalmanagern Verantwortung und Ressourcen für ländliche Entwicklung übertragen und sie auch entsprechend weiterbilden. Kommunen bekommen Unterstützung, wenn sie Entwicklungsziele gemeinsam mit anderen als Region anstreben, also aktives Regionalmanagement betreiben.

Ländliches Unternehmertum wird vielfach speziell gefördert, etwa durch Mikrokredite für Existenzgründer und die Bündelung von Potenzialen in kooperativen Genossenschaften. Neue Dynamik entsteht auch durch die Vermarktung regionaler Besonderheiten, etwa mit einer eigenen Regionalmarke für qualitätsvolle Produkte (z. B. Südtirol, Eifel), mit kulinarischen Routen und grenzüberschreitendem Tourismus (z. B. Künisches Gebirge im Bayerwald/ Böhmerwald). Zwei weitere zentrale Bereiche, in denen Regionen Zukunftsfähigkeit beweisen können, sollen im Folgenden etwas näher ausgeführt werden: Zuwanderung und erneuerbare Energien.

4. Zuwanderungsstrategien als eine Antwort

Großstädte sind klassischer Anlaufpunkt für in – wie ausländische Zuwanderer. Mit der Vielfalt an beruflichen Perspektiven, Lebensstilen und kulturellen Angeboten können kleine Gemeinden kaum konkurrieren. Ländliche Regionen, die auf Zuwachs durch Neubürger setzen, müssen deshalb strategisch vorgehen und ihre eigenen Vorzüge offensiv vertreten: Das naturnahe, ruhige und bezahlbare Wohnen bleibt ein zentraler Standortvorteil; sich auswirken kann er aber meist nur, wenn moderne Arbeitsmöglichkeiten in Reichweite vorhanden sind. Deshalb ist das Einbeziehen der ortsansässigen Betriebe in jede Zuwanderungsstrategie so wichtig.

Auch in der Daseinsvorsorge sollten ländliche Räume ihre nach wie vor hohen Standards selbstbewusst darlegen: Im Gesundheitsbereich reagieren viele Länder auf die Schwierigkeit, junge Ärzte für den ländlichen Raum zu gewinnen, mit Anreizen für Absolventen, Telemedizin-Angeboten und medizinischen Versorgungszentren als Knoten innerhalb eines territorialen Netzwerks. Bei der Bildung tragen Vernetzung durch moderne Technologien und Fernunterricht dazu bei, erfolgreiche Landschulen auch in Zeiten geburtenschwacher Jahrgänge am Ort zu halten.

Genauso wichtig sind die weichen Standortfaktoren: die landschaftliche Schönheit der Region, künstlerische, kulinarische und musische Traditionen, Vereine und die Identität als Dorfgemeinschaft. Dafür ein Bewusstsein zu entwickeln, fällt nicht jedem leicht: Eine Region, die sich seit langem als naturnahes Urlaubsgebiet vermarktet, hat hier Vorteile gegenüber jenen, deren »Attraktivität« bisher in der Dichte an Schweineställen und der maximalen Effizienz der flurbereinigten Böden bestand. Um als Ort mit Lebensqualität zu überzeugen, müssen sich nicht wenige Gebiete quasi neu erfinden und ein Bewusstsein für die wahren Stärken ihrer Heimat entwickeln.

Gemeinden müssen auch dafür bereit sein, dass Neubürger sich sozial, kulturell und ethnisch von den Einheimischen unterscheiden und eigene Erwartungen an ihren neuen Wohnort haben: seien es Sprach- und Weiterbildungskurse, religiöse Angebote, Dienstleistungen der »Silberökonomie«, um Ältere zu gewinnen, oder auch ethnisch angepasste Lebensmittel im Supermarkt.

In Finnland und im kanadischen Quebec vermarkten sich manche Orte als »Zuwanderungs-Gemeinschaften«. Sie versuchen, jungen Familien, Aussteigern, Senioren oder ehemaligen Dorfbewohnern, die zurückkehren wollen, Zuzug, Arbeitsplatzsuche und Integration auf dem Land zu erleichtern. Für ihren Erfolg ist es wichtig, Bevölkerung, Institutionen und Betriebe frühzeitig einzubeziehen. Alle gemeinsam sollten festlegen, ob und wie man sich als Zuwanderungsregion präsentieren will. Wenn die Alternative zum schleichenden Niedergang des eigenen Ortes nur in mehr Offenheit besteht, werden Neubürger eher als Chance denn als Gefahr wahrgenommen.

Dennoch: Zuwanderung kann bei abnehmender Gesamtbevölkerung nur relativ strukturstarken und besonders attraktiven ländlichen Räumen helfen, ihre Zukunft zu sichern. Den Großteil der

Regionen wird der demografische Wandel in einer bisher nicht gekannten Drastik treffen.

5. Nachhaltige Energieregionen schöpfen Wert

Liegt aber in diesem verschärften Prozess der Veränderung, den der ländliche Raum erlebt, nicht auch eine Chance? Gerade der Aufschwung der erneuerbaren Energien zeigt, dass ländliche Regionen wirtschaftliche Impulse aussenden können. Denn der Großteil der Energie, die für »grünes Wachstum« benötigt wird, kommt vom Land.

In Deutschland soll Energie aus Wind und Sonne, Biomasse und Geothermie bis 2020 einen Anteil von 30 Prozent an der Stromversorgung erreichen. Dafür sind große, bezahlbare Freiflächen unerlässlich – Ressourcen, die nur der ländliche Raum bietet und deren Nutzung dank staatlicher Förderung in vielen Ländern lukrativ ist.

Weltweit entwickeln Regionen Modelle nachhaltiger dezentraler Energieerzeugung. Gebiete wie Totara Valley in Neuseeland, Gaspesie in Quebec und das schwedische Pitea haben gemeinsam mit Forschern und Unternehmen das eigene Potenzial genau analysiert, um Ressourcen zu definieren, die für Energieerzeugung und -speicherung am besten geeignet sind. Auch in Deutschland gibt es »Energiedörfer«, etwa Jühnde bei Göttingen, das brandenburgische Feldheim und Freiamt im Schwarzwald. Die Bundesregierung fördert zudem im Rahmen eines Wettbewerbs interkommunale Projekte wie die Modellregion Bayreuth, um nachhaltige Biomasse-Energienetzwerke auf dem Land sowie zwischen Stadt und Land zu etablieren.

Doch gelingt mit erneuerbarer Energie auch die Schaffung einer regionalen Wertschöpfungskette? Wie kann ein Projekt in den Ort und den Arbeitsmarkt der Region eingebunden werden?

Das österreichische Güssing zeigt einen gangbaren Weg. Die von Wäldern umgebene Kleinstadt im Burgenland sichert ihren Strom- und Wärmebedarf aus einheimischen Rohstoffen, indem zerhacktes Holz technologisch anspruchsvoll in einem eigenen Biomassekraftwerk vergast wird. In der einst strukturschwachen Gegend konnten so Arbeitsplätze geschaffen und die kommunalen Finanzen stabilisiert werden. Auch touristisch erzielt Güssing einen Gewinn, denn die Stadt vermarktet sich zusammen mit Nachbargemeinden als »Öko-Energieland«: Über ausgebaute Radwege kann der Besucher das Holz als nachwachsenden Energieträger sowie die Anlagen zur Energieerzeugung in Augenschein nehmen. Zudem gibt es Holzkunst, Burgen und heimische Weine zu entdecken.

Dauerhaft erfolgreich sind Energieregionen nur, wenn möglichst viele am Ort von der Entwicklung hin zu lokal erzeugter Energie einen Vorteil haben. Um das NIMBY-Syndrom (*not in my backyard*) zu vermeiden, sollten sich Kommunen deshalb an Eigentum und Gewinn des Energieprojekts beteiligen. Noch entscheidender ist, die Lebensqualität der Bürger nicht zu gefährden: Wenn Lärmschutz vernachlässigt und die Infrastruktur nicht angepasst wird, beeinträchtigt auch umweltfreundliche Energie die Ruhe, gute Luft und den Freizeitwert im Ort. Auch die natürliche Artenvielfalt und der nachhaltige Umgang mit der Kulturlandschaft sind zu sichern, sonst drohen öde, überdüngte Maisfelder sich über ganze Landstriche auszubreiten. Erste Pflicht eines Betreibers von Energienanlagen ist deshalb der Dialog mit den anderen ländlichen Akteuren.

Die Erkenntnisse der Energieregionen sind auch für Entwicklungsländer interessant. Dort verfügt bei weitem nicht jede Gegend über eine eigene Energieversorgung und dazu gehörige Strom- und Wärmenetze. Wenn neben deren Aufbau auch die ländliche Entwicklung vorangetrieben werden soll, sind viele Länder auf auswärtige Expertise angewiesen. Die Modelle dezentraler Energieversorgung, die die ländlichen Räume heute entwickeln, haben somit das Zeug zum Exportschlager.

6. Mit Ehrlichkeit die Zukunft meistern

Damit es in Zukunft zu vielen ländlichen Erfolgsgeschichten kommen kann, sollten politische, wirtschaftliche und zivilgesellschaftliche Akteure auf allen Ebenen eine koordinierte »Politik für den ländlichen Raum« umsetzen. In ihr muss festgelegt werden, welche Ziele in demografisch schwierigen Zeiten realistisch sind: Wo sind die Regionen mit Entwicklungspotenzial? Wann lohnen die hohen Investitionen, die es braucht, um die öffentliche Daseinsvorsorge zu erhalten, lokale Entwicklungsstrukturen zu professionalisieren und zukunftsfähige Arbeitsplätze zu fördern? Werden die Gelder, die dafür nötig sind, entsprechend umgeschichtet? Ist der Agrarsektor bereit, finanzielle Einschnitte besonders bei der Förderung der industriellen Landwirtschaft hinzunehmen, wenn dafür die Entwicklung einer Region als Ganzes ermöglicht wird? Wie gelingt in Gebieten ohne Chance auf Besserung ein partizipativer Prozess, um den Rückbau öffentlicher Leistungen und gegebenenfalls die Aufgabe von Siedlungen menschlich fair zu gestalten und die Interessen der Betroffenen zu wahren?

Je nach Region und Land werden ganz unterschiedliche Ansätze nötig sein. Um der Zukunft unserer ländlichen Räume und ihrer Bewohner willen sollten wir den Weg der Neuausrichtung jetzt beschreiten – ehrlich, transparent und unter Einbeziehung der regional und lokal engagierten Akteure.

Anmerkungen

[1] OECD (2006), *The New Rural Paradigm: Policies and Governance.* Paris, und seit 2006 verschiedene *OECD Rural Policy Reviews,* die die Entwicklung ländlicher Räume überprüfen (u. a. in Deutschland, Mexiko, China, Italien, Spanien, Quebec/Kanada, England/Vereinigtes Königreich).

Alexander Brakel

Stärkung der Eigenverantwortung

Im Zentrum jeder demokratischen Staatsform – unabhängig ob direkt oder repräsentativ – steht der mündige Bürger. Ohne die Annahme, jeder Einzelne sei in der Lage verantwortungsvoll zu handeln und verantwortungsbewusste Entscheidungen zu treffen, verlöre die Demokratie ihre Berechtigung. Zudem beruht das Funktionieren des freiheitlichen Staates auf der Bereitschaft seiner Bürger, Verantwortung für den Staat zu tragen, dessen gestaltender Teil sie sind. Das wirft die Frage auf, wie eine Gesellschaft verfasst sein muss, damit sie diese Art der Verantwortungsübernahme ermöglicht und fördert.

Nachfolgend wird die These aufgestellt, dass der Weg zu mehr Verantwortungsübernahme auf der einen Seite über eine deutliche Stärkung der Eigenverantwortung führt, auf der anderen Seite aber gerade deren Schwächung lohnendes Ziel der Politik in einem demokratischen Staat ist.

Verantwortung bedeutet zunächst die Zuständigkeit eines Menschen für etwas gegenüber Dritten gemäß einer bestimmten Wertordnung. Und die unmittelbarste Form der Verantwortung ist die für das eigene Handeln (oder auch Nichthandeln), also die Eigenverantwortung.

Diese Eigenverantwortung ist an zwei Voraussetzungen gebunden: Erstens an die Fähigkeit, Gut und Böse voneinander zu unterscheiden, und zweitens an das Vermögen, die Folgen der eigenen Handlungen abzuschätzen. Die erste Voraussetzung können wir für jeden (erwachsenen) Menschen unterstellen, solange er nicht durch Geisteskrankheit ohnehin die Möglichkeit eigenverantwortlichen Handelns verloren hat. Bereits Kant betonte, dass »selbst der gemeinste Mann« das sittlich Richtige erkennen werde. Denn die Frage nach der moralisch richtigen Handlungsweise ist zunächst einmal unabhängig von ihren etwaigen Folgen. Zwar interessiert sich die moderne Rechtsprechung bei der Zumessung des Strafmaßes dafür, ob der jugendliche U-Bahnschläger den etwaigen Tod seines Opfers wissentlich in Kauf genommen hat oder die gesundheitlichen Folgen seiner Brutalität für weniger gravierend hielt. Kein Zweifel besteht jedoch daran, dass er allein die bloße Gewaltanwendung als moralisch schlecht erkennen konnte.

Um ein eigenverantwortliches Leben zu führen, ist die Abschätzung der Folgen des eigenen Handelns gleichwohl unterlässlich. Natürlich ist niemand in der Lage, sämtliche mögliche Folgen seines Handelns vorherzusagen. Folglich kann man Verantwortung nur für die *absehbaren* Folgen seines Handelns tragen. Der Attentäter von Sarajevo trägt demnach die Schuld am Tod des österreichischen Kronprinzen Franz Ferdinand, verantwortlich für den Ausbruch des Erstens Weltkriegs ist er sicherlich nicht.

Zur Abschätzung der wahrscheinlichen Folgen des eigenen Tuns sind grundsätzliche Kenntnisse über Wirkungszusammenhänge in der Welt vonnöten, die in Familie und Schule vermittelt werden. Dazu gehören, neben der Einsicht in die grundlegenden naturwissenschaftlichen Zusammenhänge sicherlich ein Grundmaß an praktischem Wissen, aber auch Basiskenntnisse von Wirtschaft und Gesellschaft, insbesondere um eine politische Partizipation zu ermöglichen. Unverzichtbar vor allem aber ist die Lernfähigkeit selbst, um das eigenen Wissen ständig erweitern zu können. Denn Verantwortung setzt Lernfähigkeit voraus. Ein genauer Kanon an Kenntnissen und Fähigkeiten wird sich schwerlich finden lassen, was sich nicht zuletzt an regelmäßigen Lehrplanrevisionen und den häufigen Forderungen zeigt, dieses oder jenes Wissensfeld – von Finanzkunde bis zu Kochkursen – in Form eines eigenen Unterrichtsfachs in der Schule zu verankern. Dennoch: Nach einem mehrjährigen Schulbesuch sollte jeder zumindest die grundlegenden Fähigkeiten besitzen. Das ist auch die Annahme des Gesetzgebers, der jungen Menschen mit Erreichen des 18. Lebensjahrs die Volljährigkeit samt aller damit verbundener Rechte und Pflichten attestiert.

Und genau in dieser Annahme besteht wohl der wichtigste Aspekt der Erziehung zur Eigenverantwortung: die Zumutung zur

Eigenverantwortung! Niemand würde Eigenverantwortung in letzter Konsequenz übernehmen wollen, wenn er die daraus erwachsenden Freiheiten auch andernfalls erhielte. Beides ist jedoch untrennbar miteinander verbunden, so dass die Zubilligung von Rechten die Pflichten nach sich zieht. Weil aber die Aberkennung der Freiheit mit der Vorstellung des mündigen Bürgers unvereinbar ist, muss diesem die Verantwortung für sich und sein Handeln zugemutet werden. Geht man im nächsten Schritt vom Staat als einer Gemeinschaft gleichberechtigter Bürger aus, hat *jeder* Bürger eines solchen Staates mit Erreichen der Volljährigkeit als mündig zu gelten.

Gleichzeitig beschränkt diese Setzung die Verantwortung für andere, weil sie ein Eingriff in deren Selbstbestimmungsrecht als eigenverantwortliche Wesen wäre. Deshalb übernimmt man Verantwortung für (unmündige) Kinder. Dagegen klingt der Satz »Ich übernehme Verantwortung für meinen Ehemann« aus nachvollziehbaren Gründen seltsam. Dies schließt Solidarität mit aus unterschiedlichen Gründen Bedürftigen nicht aus, macht sie aber von deren Einverständnis in die Unterstützungshandlung abhängig.

Eine Politik, die Verantwortungsfähigkeit fördern will, muss dementsprechend in allererster Linie die Übernahme von Eigenverantwortung fordern und voraussetzen. Das klingt zunächst banal, ihrer Umsetzung steht aber die von George Bernhard Shaw geäußerte Einsicht entgegen: »Freiheit bedeutet Verantwortlichkeit; das ist der Grund, weshalb die meisten Menschen sich vor ihr fürchten.« In einer demokratischen Gesellschaft ist es folglich für Politiker lohnend, diese Furcht durch Abmilderung der Eigenverantwortung zu reduzieren, um die Gunst des Wählers zu gewinnen.

Nun besteht natürlich die einzige Berechtigung von Politik und Staatlichkeit darin, Aufgaben zu übernehmen und zu lösen, die gemeinschaftlich besser als individuell gelöst werden können. Landesverteidigung, die Gewährung von Rechtssicherheit und die Garantie von Eigentumsrechten fallen ebenso in diesen Bereich wie die Sozialversicherungssysteme.[1] Damit nimmt der Staat auch immer einen Teil der individuellen Eigenverantwortung auf sich. Gleichwohl stellt sich die Frage, ob es Grenzen dieses Verfahrens gibt, deren Überschreiten die Fähigkeit zur Eigenverantwortung und damit zum selbstbestimmten Leben in Freiheit gefährden. Eine trennscharfe Linie wird sich nicht immer finden lassen. Sie verläuft jedoch mit Sicherheit dort, wo (a) die Politik nicht objektivierbare Wertentscheidungen für Kernbereiche des privaten Lebens trifft, (b) allgemeine Regeln zugunsten einer Einzelfallgerechtigkeit außer Kraft gesetzt werden und (c) durch die Entlastung von Eigenverantwortung das Funktionieren der Gemeinschaft insgesamt in Frage gestellt wird. Diese Aufzählung erhebt keinen Anspruch auf Vollständigkeit, sie soll jedoch im Folgenden anhand einiger Beispiele illustriert werden.

Kernaufgabe des Staates ist die Ermöglichung des guten Lebens, wobei die Definitionshoheit darüber, was unter gutem Leben zu verstehen ist, dem Einzelnen obliegt. Denn eine allgemeingültige Definition gibt es nicht. So lässt sich etwa die Frage nicht beantworten, ob Alkohol- oder Nikotinkonsum sowie der Verzicht auf Sport richtig oder falsch sind. Dass sie ungesund sind, darüber besteht kein Zweifel, auch jedem Kettenraucher und Trinker dürfte dies vollauf bewusst sein. Die Frage, ob der Genuss dieser Suchtmittel einen früheren Tod oder lange Krankheit rechtfertigen, ist eine Wertentscheidung, die nur persönlich getroffen werden kann. Daran sollte sich auch die Politik halten, statt sich der penetranten Erziehung zum gesunden Lebenswandel zu widmen.

Aber auch dort, wo richtiges Verhalten von falschem unterschieden werden kann, ist, solange nicht Dritte negativ betroffen sind, der Staat nicht berechtigt, den Einzelnen von seinem Tun abzuhalten, weil er ihn damit der Freiheit über sein eigenes Leben beraubt. Der Sozialphilosoph Friedrich August von Hayek fasst dies treffend zusammen: »Freiheit, die nur gewährt wird, wenn im Voraus bekannt ist, dass ihre Folgen günstig sein werden, ist nicht Freiheit. Wenn wir wüssten, wie Freiheit gebraucht werden wird, würde sie in weitem Maße ihre Rechtfertigung verlieren. [...] Es ist daher kein Argument gegen individuelle Freiheit, dass sie oft missbraucht wird.«[2]

Zu einer Eigenverantwortung fördernden Politik gehört zwangsläufig die Bereitschaft, Fehler zuzulassen. Folglich muss derjenige, der die Fehler begangenen hat, auch für die Folgen geradestehen. Gerade hier aber setzt das fürsorgliche Bestreben der Politik gerne an und übernimmt die Folgen für den Einzelnen. Als zum Beispiel auf dem Höhepunkt der Finanzmarktkrise Politiker aller Parteien die Verantwortungslosigkeit zu einer der Hauptursachen der wirtschaftlichen Misere erklärten, griff die Bundesregierung zugunsten der deutschen Anleger der isländischen Kauphing-Bank ein. Mit Steuergeldern wurden diese davor bewahrt, die Folgen ihres eigenen, gewinnträchtigen, aber risikobehafteten Verhaltens selbst tragen zu müssen. Eine Politik, die den Bürger als verantwortungsbewussten Menschen ernst nimmt, hätte aber genau dies tun müssen: Jeder Sparer, der sein Geld wegen der höheren Zinsen nicht bei einer deutschen Sparkasse, sondern in Reykjavik anlegte, musste sich klar machen, dass höhere Zinsen nur um den Preis höheren Risikos zu haben waren und sind. Wer diese Lektion vergessen hatte, hätte sie schmerzlich durch den Verlust seiner Anlagen lernen können. So aber war die Lehre eine andere: Höhere Zinsen flossen in die Taschen der privaten Anleger, die Kosten trug die Gemeinschaft. Die zuvor bestehenden allgemeinen Regeln waren zugunsten einer Minderheit gebrochen worden.

Politische Bestrebungen zur Aushöhlung der Eigenverantwortung gehen aber noch darüber hinaus: Längst hat auch schon die *conditio sine qua non* eigenverantwortlichen Lebens, die Sorge für den eigenen Lebensunterhalt ihre Selbstverständlichkeit verloren. Die Diskussion um die Zumutbarkeitskriterien von Arbeitsangeboten im ALG-II-Bezug zeigt dies deutlich: Der Einzelne ist nicht länger – gesundheitliche Befähigung vorausgesetzt – in der Pflicht, für sich und seine Familie zu sorgen, und nur, wenn ihm das tatsächlich nicht möglich sein sollte, zur Inanspruchnahme der Solidargemeinschaft berechtigt. Inzwischen hat sich das Verhältnis umgekehrt, und die Solidargemeinschaft ist rechenschaftspflichtig. Die in fast allen Parteien in der einen oder anderen Form bereits geführte Diskussion über ein bedingungsloses Grundeinkommen treibt diese Absurdität auf die Spitze: Per se und ohne eigene Anstrengungen hätte jeder Mensch einen Anspruch auf Einkommen. (Dessen Finanzierung freilich nur dann gegeben wäre, wenn weiterhin genug Menschen die Anstrengungen eigener Werktätigkeit auf sich nähmen.) Häufig ist sogar das Argument zu hören, erst die finanzielle Unabhängigkeit versetze den Menschen in die Lage zum verantwortungsbewussten Handeln.[3] Eine solche Argumentation stellt das Prinzip der Verantwortung auf den Kopf und degradiert verantwortliches Handeln zur bloßen Luxusoption unter den Bedingungen größtmöglicher Sicherheit. Einen kategorischen Imperativ des moralisch unter allen Umständen Gebotenen kann es unter diesen Bedingungen nicht geben.

Wenn Gesellschaft und Politik diesem Pfad folgen, landen sie nicht bei einer Gemeinschaft freier Bürger mit gleichen Rechten zur individuellen Gestaltung des eigenen Lebens, sondern bei einem patriarchalischen Versorgungsstaat. Erfolg und Misserfolg sind aus dieser Perspektive nicht mehr Folge eigenverantwortlichen Handelns sowie von durch die Politik nicht beeinflussbaren Zufällen. Vielmehr stellen sie ein ungleiches, folglich auch ungerechtes Ergebnis »der Verhältnisse«, gerne auch in Tateinheit mit aktiver Diskriminierung dar. Dem Staat kommt in diesem System die Rolle des allzuständigen Problemlösers zu, dem Bürger die des schutzbedürftigen Opfers. Es ist nur folgerichtig, dass viele Bürger in einem solchen System sogar bestrebt sein dürften, selbst den Opferstatus zuerkannt zu bekommen, weil er eine privilegierte Behandlung garantiert.

Allerdings bleibt die Opferrhetorik nicht ohne Auswirkungen: Ein Opfer der Verhältnisse kann nicht gleichzeitig mündiger Bürger sein. Das zeigt sich beispielhaft im Bereich der Familienpolitik: Während zunächst bereits der Mangel an Kinderbetreuungsplätzen als »Benachteiligung« beklagt wurde, führt deren politisch forcierter Ausbau längst zu einer ganz anderen Diskussion: Die außerhäusliche Betreuung des Kindes wird von zahlreichen Politikern nicht mehr als Option, sondern als erstrebenswerte Norm bezeichnet. Als Begründung hierfür gilt wahlweise das volkswirtschaftlich gebotene Ideal doppelter Vollzeittätigkeit oder die angeblich höhere Kompetenz des Staates für die Kindererziehung.[4] Wenn aus der Politik der Verzicht auf direkte finanzielle Förderung von Eltern zugunsten des Ausbaus staatlicher Betreuungseinrichtungen gefordert und diese Forderung mit der angeblich hedonistischen Verwendung der zusätzlichen Mittel durch die Eltern begründet wird,[5] ist endgültig klar, was aus dem Bild des eigenverantwortlichen Bürgers geworden ist. Wieso der Bürger, der angeblich noch nicht einmal zur Erziehung seiner eigenen Kinder in der Lage ist, Verantwortung für seine Nachbarschaft, seinen Kiez oder seine Kirchengemeinde übernehmen soll, ist nicht nachvollziehbar. Noch weniger, wieso er dem ihm offensichtlich misstrauenden Staat sein eigenes Vertrauen entgegenbringen soll.

Mit der fortschreitenden Einschränkung der Eigenverantwortung kontrastiert ein allgemeiner Diskurs, der die Grenzen der persönlichen Verantwortung beinahe ins Unendliche verschiebt: Fremdenfeindlichkeit, Umweltzerstörung, weltweite Hungersnöte – in der globalen Welt wird die Zuschreibung von Verantwortlichkeiten immer komplexer. Ohne an dieser Stelle darauf genauer einzugehen – gemeinsam ist diesem Diskurs eines: Verantwortung beschränkt sich darin auf den bloßen Appell. Obwohl alle verantwortlich sind, ist keiner mehr haftbar. Ohne Haftung aber verliert die Verantwortung ihr entscheidendes Wesensmerkmal. Die Einforderung der Haftung und die Beschränkung politischer Fürsorge ist deshalb unverzichtbar für eine Gesellschaft freier Bürger, die für diese Gesellschaft Verantwortung übernehmen.

Anmerkungen

1 Natürlich sind im Fall der Sozialversicherungssysteme auch private Versicherungssysteme als Alternative denkbar. Dies ändert jedoch nichts an dem Grundprinzip, denn auch private Versicherungen funktionieren auf Basis der kollektiven Haftung für individuelle Risiken.

2 Friedrich August von Hayek (2005): *Die Verfassung der Freiheit*. Tübingen, S. 42.

3 So etwa im Beschluss der 22. Landesdelegiertenkonferenz von Bündnis 90/Die Grünen Baden-Württemberg vom 12.–14.10.2007.

4 Siehe z. B. die entsprechende Erklärung der Ministerin Mecklenburg-Vorpommerns, Manuela Schwesig: http://www.spd.de/aktuelles/Pressemitteilungen/22698/20120106_schwesig_zu_betreuungsgeld.html. Noch deutlicher wurde die Ministerpräsidentin von NRW, Hannelore Kraft, im Interview mit der FAS. http://

www.faz.net/aktuell/politik/inland/wahl-in-nordrhein-westfalen-2012/hannelore-kraft-im-gespraech-bildung-muss-in-der-kita-beginnen-11734253.html.

[5] So begründete etwa der damalige Finanzminister Peer Steinbrück 2008 seine Ablehnung der anstehenden Kindergelderhöhung damit, dass dadurch die Eltern lediglich etwas mehr Geld für DVDs und Zigaretten erhielten.

Christoph Busch

Vertragsrecht in Zeiten des Klimawandels

Welchen Beitrag können vertragsrechtliche Instrumente zur Verwirklichung von Klimaschutzzielen leisten?

Eine Neuausrichtung der Wirtschaftsordnung hin zu einer ökologisch-nachhaltigen Wertschöpfung kann nur gelingen, wenn jeder Einzelne Verantwortung für nachhaltiges Wirtschaften übernimmt. Immer mehr Verbraucher sind bereit, durch verantwortungsvolles Konsumverhalten dazu selbst einen Beitrag zu leisten. Bei ihren Kaufentscheidungen lassen sich Verbraucher daher zunehmend von ökologischen Kriterien wie etwa dem *carbon footprint* eines Produkts leiten.

Die Themen Nachhaltigkeit und Klimaschutz verlassen damit die Makroebene der Politik und kommen auf der Mikroebene des einzelnen vertraglichen Austauschverhältnisses an. Das Politikziel der Nachhaltigkeit wird dabei Teil des vertraglichen Leistungsversprechens. Aus rechtspolitischer Perspektive wirft diese Marktentwicklung eine Reihe von Fragen auf: Wie reagiert das Vertragsrecht auf die »Ökologisierung« der vertraglichen Leistungsbeziehung? Und welchen Beitrag kann das Vertragsrecht als dezentrales Steuerungsinstrument zu einer Neuausrichtung der Wirtschaftsordnung hin zu mehr Nachhaltigkeit bei Produktion und Konsum von Waren und Dienstleistungen leisten?

1. Ökologisierung des Vertragsrechts

Mehr und mehr Unternehmen reagieren auf diesen Bewusstseinswandel auf Seiten der Verbraucher und bieten »klimaneutrale« Produkte und Dienstleistungen an. So wirbt etwa ein bekannter Logistikdienstleister mit dem Versprechen, dass die während des

Transports von Paketsendungen entstehenden CO_2-Emissionen durch Investitionen in Klimaschutzprojekte ausgeglichen werden. Versandhändler bieten im Internet klimaneutrale Textilprodukte an und versprechen so »Herrenhemden mit reinem Gewissen«.

Damit verändert sich die Struktur des Produktangebots auf den Waren- und Dienstleistungsmärkten. Immer mehr Produkte werden zu Koppelungsangeboten, die ein bestimmtes Produkt oder eine Dienstleistung mit einem »Klimaversprechen« verbinden. Wer ein »klimaneutrales« Hemd kauft, erwirbt nicht nur ein Kleidungsstück, sondern ein Leistungspaket bestehend aus Hemd und Klimadienstleistung, etwa dem Versprechen einer CO_2-neutralen Produktion.

Dies hat Auswirkungen auf die Definition der Produktqualität. Ob das vom Verkäufer gegebene Qualitätsversprechen eingehalten wird, hängt nicht mehr allein von der Passform des Kleidungsstücks, der Stoffqualität und dem Tragekomfort ab, sondern auch davon, ob das Produkt die Verbrauchererwartungen an einen klimafreundlichen Herstellungsprozess erfüllt. Bei Passform, Stoffqualität und Tragekomfort handelt es sich um Eigenschaften, die der Käufer bereits vor oder spätestens nach seiner Kaufentscheidung ohne großen Aufwand selbst überprüfen kann. In der Sprache der Informationsökonomie werden solche Produktmerkmale als Such- oder Erfahrungseigenschaften bezeichnet. Dagegen ist es dem einzelnen Verbraucher in aller Regel nicht möglich, das Klimaversprechen des Verkäufers auf seinen Wahrheitsgehalt zu überprüfen. Er ist vielmehr darauf angewiesen, auf die Angaben des Verkäufers zu vertrauen. Die Informationsökonomie spricht daher von Vertrauenseigenschaften. Mit der Ökologisierung des vertraglichen Pflichtenprogramms gewinnen derartige Vertrauenseigenschaften zunehmend Einfluss auf die Vertragsentscheidung des Verbrauchers. Diese Entwicklung stellt eine Herausforderung dar für die beiden Grundprinzipien des Vertragsrechts: Vertragsfreiheit und Vertragsgerechtigkeit.

2. Klimafreundliches Konsumverhalten und Vertragsfreiheit

Eines der konstituierenden Prinzipien der marktwirtschaftlichen Wettbewerbsordnung ist die Vertragsfreiheit. Die rechtliche Freiheit zum Abschluss von Verträgen ist Voraussetzung wirtschaftlicher Selbstbestimmung. Die Vertragsfreiheit ist zugleich Grundlage der Schiedsrichterfunktion des einzelnen Verbrauchers innerhalb des marktwirtschaftlichen Wettbewerbsmodells: Als »Schiedsrichter« im Marktgeschehen entscheidet der Verbraucher durch sein Kaufverhalten über das konkurrenzfähigste Angebot.

Dabei kann der Verbraucher durch ein klimafreundliches Konsumverhalten seine Vertragsfreiheit auch als Instrument zur Förderung des Klimaschutzes einsetzen. Ein »klimafreundlicher« Einsatz der Vertragsfreiheit setzt allerdings voraus, dass der Verbraucher über hinreichende Produktinformationen verfügt. Nur ein informierter Verbraucher kann seine Schiedsrichterfunktion im Marktgeschehen wahrnehmen und durch sein Konsumverhalten einen Beitrag zum Klimaschutz leisten.

Erschwert wird die informierte Entscheidung dadurch, dass die Klimaversprechen in der Werbung häufig vage und wenig konkret bleiben. Was bedeutet es, wenn ein Produkt als CO_2-neutral beworben wird? Was kann der Kunde erwarten, wenn ihm »Bioware« angeboten wird? Noch schwieriger ist der Gehalt des Vertragsversprechens zu bestimmen, wenn zur Beschreibung der Produktqualität komplexe Verbundbegriffe aus dem ethisch-politischen Diskurs verwendet werden. Welche Leistung schuldet etwa ein Verkäufer, der sein Produkt mit Begriffen wie »Nachhaltigkeit« oder »Fairness« bewirbt?

Eine informierte Vertragsentscheidung setzt nicht allein voraus, dass der Verbraucher um die Klimafreundlichkeit des von ihm favorisierten Produktes weiß. Er muss auch in der Lage sein, die Klimawirksamkeit unterschiedlicher Produkte miteinander zu vergleichen. Nur wenn er weiß, welchen »Klimavorteil« ein bestimmtes Produkt im Vergleich zu Konkurrenzprodukten bietet, kann er beurteilen, ob es aus ökologischer Sicht sein Geld wirklich wert ist.

Der Marktmechanismus allein wird nicht ausreichen, um die Voraussetzungen für einen »klimafreundlichen« Einsatz der Vertragsfreiheit zu sichern. Es ist daher Aufgabe des Staates, einen Ordnungsrahmen für Klimadienstleistungen zu schaffen. Erforderlich sind etwa einheitliche Standards für marktübliche Klimaversprechen, um die Anforderungen an Werbeversprechen wie »Klimaneutralität« und »Nachhaltigkeit« zu definieren. Dies erfordert nicht zwingend gesetzliche Regelungen. Einen Beitrag zu mehr Markttransparenz können auch DIN-Normen leisten. Beispiele sind etwa die Normen zur Ökobilanz von Bauwerken (DIN EN 15643:2011) oder zur Nachhaltigkeit von Musik- und Sportveranstaltungen (DIN ISO 20121:2011). Noch mehr Transparenz ließe sich durch die Ausdehnung umweltbezogener Informationspflichten nach dem Vorbild der Energielabels für Haushaltsgeräte und Kraftfahrzeuge erzielen. So könnte etwa zusätzlich zur Nährwertangabe auf Lebensmitteln auch eine Information über die bei Herstellung und Transport entstandenen klimarelevanten Emissionen vorgeschrieben werden.

3. Klimadienstleistungen und Vertragsgerechtigkeit

Die zunehmende Relevanz von Klimaversprechen bedeutet nicht nur eine Herausforderung für die Vertragsfreiheit, sondern auch für das Prinzip der Vertragsgerechtigkeit. Der Vertrag ist nicht nur Instrument wirtschaftlicher Selbstbestimmung des Einzelnen, sondern auch Mittel des Interessenausgleichs zwischen den Vertragsparteien. Ein »gerechter Vertrag« setzt nach diesem Modell eine Äquivalenz von Leistung und Gegenleistung voraus. Das Äquivalenzprinzip (*do ut des*) verlangt, dass die Vertragsparteien in der Lage sind, die Einhaltung des Vertragsversprechens zu kontrollieren. Ferner müssen im Falle eines Vertragsbruchs wirksame Sanktionen zur Verfügung stehen.

Während die Einhaltung des Vertragsversprechens bei Such- und Erfahrungseigenschaften (z. B. Passform und Tragekomfort eines Kleidungsstücks) zumeist einfach möglich ist, ergeben sich bei

Vertrauenseigenschaften (z. B. Klimaneutralität des Produkts) erhebliche Kontrolldefizite. Eine dezentrale und marktgesteuerte Qualitätskontrolle durch den einzelnen Verbraucher stößt hier an Grenzen. Wo eine Kontrolle weder *ex ante* noch *ex post* möglich ist, gewinnt Vertrauen innerhalb der vertraglichen Beziehung an Bedeutung. Mit anderen Worten: Durch das Klimaversprechen erlangt die vertragliche Leistungsbeziehung den Charakter einer Vertrauensbeziehung. Unter den Bedingungen einer arbeitsteiligen Wirtschaft und eines weitgehend anonymisierten Massenkonsums knüpft sich das Vertrauen jedoch nur noch selten an die Person des Vertragspartners. An die Stelle eines persönlichen Vertrauens tritt Systemvertrauen in eine funktionierende Marktordnung.

Erforderlich ist daher eine Flankierung des Vertragsrechts durch Formen institutionalisierter Qualitätssicherung und Marktaufsicht. Doch auch die Reichweite staatlicher Qualitätssicherung, etwa nach dem Vorbild der Lebensmittelaufsicht, ist angesichts globalisierter Produktionsketten ebenfalls begrenzt. Ob etwa das von einem Hersteller gegebene Versprechen, für jedes verkaufte Produkt einen Quadratmeter afrikanischen Regenwaldes aufzuforsten, tatsächlich eingehalten wird, lässt sich durch deutsche Behörden nur mit Mühe überprüfen. Klimaschutz als globale Aufgabe erfordert auch aus dieser Perspektive länderübergreifende Kontrollmechanismen.

Doch nicht nur die Überprüfung des Klimaversprechens bereitet Schwierigkeiten. Auch bei der Frage, welche Sanktionen im Falle einer »mangelhaften« Klimadienstleistung greifen sollen, stößt das Vertragsrecht an Grenzen. Hat der Erwerber eines als klimafreundlich beworbenen Produkts einen Anspruch auf Einhaltung des Klimaversprechens? Kann der Käufer eines CO_2-neutralen Kleidungsstücks eine klimafreundliche Produktion gerichtlich durchsetzen? Oder steht ihm stattdessen ein Anspruch auf eine Ersatzleistung zu, z. B. eine »Klimakompensation« durch Förderung von Klimaschutzprojekten? Auch stellt sich die Frage, ob der Käufer im Falle einer Nichterfüllung des Klimaversprechens vom Kaufvertrag zurücktreten oder den Kaufpreis mindern kann. Umgekehrt lässt sich fragen, welche Auswirkungen es auf die Klimadienstleistung hat, wenn die Kaufsache selbst mangelhaft ist.

4. Brauchen wir ein »klimafreundliches« Vertragsrecht?

Die Fragen zeigen, welche Schwierigkeiten die Einordnung von Klimaversprechen in das Vertragsrecht bereitet. Dies dürfte nicht zuletzt daran liegen, dass das Vertragsrecht nach traditioneller Auffassung primär auf den Ausgleich von Individualinteressen zugeschnitten ist. Der Schutz von Kollektivgütern wie Klima und Umwelt gehört dagegen nicht zu den klassischen Aufgaben des Vertragsrechts. Die zunehmende Ökologisierung der vertraglichen Leistungsbeziehungen erfordert jedoch eine Erweiterung des vertragsrechtlichen Aufgabenspektrums. Ein »klimafreundliches« Vertragsrecht beschränkt sich nicht allein auf den Schutz von Individualinteressen, sondern dient auch dem Schutz von Klima und Umwelt. Flankiert werden sollte eine solche Neuausrichtung des Vertragsrechts durch geeignete prozessrechtliche Instrumente, etwa Gruppen- und Sammelklagen, für eine wirksame gerichtliche Durchsetzung des vertraglichen Rechts auf Klimaschutz.

Jonathan Imme

Warum sich Konferenzen im digitalen Zeitalter verändern müssen

Das Licht im Saal wird abgedunkelt. Ein schlaksiger Mann mittleren Alters läuft hastig wirkend in Richtung Bühne. Schließlich wartet die erste Folie der Powerpoint-Präsentation schon auf ihn. »Social Media Einsatz in der Politik – Chance oder Risiko?« Darum soll es wohl in den nächsten 45 Minuten gehen. Im Publikum lehnt sich Christian Schmitt auf seinem Plastikstuhl zurück und nimmt eine Sitzfleisch schonende Körperhaltung ein. Nach zehn Minuten des angestrengt konzentrierten Zuhörens durchblättert er das Konferenzprogramm. Kurze Zeit später legt sich ein Schmunzeln auf Christians Lippen – seine Vermutung war richtig. Der Redner ist Social Media Consultant und seine Agentur der Silbersponsor der diesjährigen »European Digital Politics Conference«. Auch ohne weitere investigative Recherchearbeit kann er kombinieren, was dem Vortragenden heute die Ehre verschafft, von den ca. 500 im Publikum sitzenden Menschen zusammengerechnet 375 Bruttostunden Arbeitszeit in Beschlag zu nehmen. Da die parlamentarische Bestuhlung allerdings ein einigermaßen wahrnehmungsfreies vorzeitiges Verlassen des Tagungssaals verhindert, zückt Christian Schmitt sein iPhone und kümmert sich um die brennendsten E-Mails. Der Strategie folgen auch andere. In der anschließenden Pause weichen die gezeigten 132 Folien so auch schnell einem wohl zentraleren Thema: »Warum schmeckt der Konferenzkaffee dieses Jahr eigentlich wieder so schlecht?«

Nun – Christian Schmitts Konferenzerfahrung ist eine fiktive. Aber vermutlich haben viele Konferenzbesucher schon ähnliche Erfahrungen gemacht: Immer wieder schleppen wir uns durch eine tröge und ellenlange Powerpoint-Präsentation. Immer wieder warten wir vergeblich darauf, dass in einer Panel-Diskussion mehr passiert als der Austausch erwartbarer Floskeln.

Dennoch ziehen Konferenzen weltweit mehrere hundert Millionen von Besuchern jedes Jahr an. Ob Naturkatastrophen, Elektrofahrräder, Darmkrankheiten, Saiteninstrumente, mobiles Internet, politische Korruption, Weltraumforschung, Co-Working oder Blumenschmuck – es gibt fast kein erdenkliches Thema, zu dem nicht irgendwo auf der Welt bereits eine dezidierte Konferenz veranstaltet wird.

Warum aber veranstalten und besuchen wir eigentlich Konferenzen? Weshalb investieren Privatpersonen, Unternehmen, Universitäten, Verbände und die Politik hier Hunderte von Milliarden Euro, jedes Jahr? Nun, Konferenzen sind attraktiv, weil sie in unserer Gesellschaft einen dritten Ort darstellen. Abseits der eigenen Wohn- und Arbeitsräume bilden sie einen neutralen Ort, an dem sich Menschen aus verschiedenen Kulturen, Disziplinen, Organisationen und Generationen gemeinsam begegnen und austauschen können. Statistiken zufolge werden Konferenzen vor allem aus diesen drei Motiven besucht:

1. Information: Erkenntnisse über neue Entwicklungen und Trends, Finden von Antworten auf Fragen aus der eigenen Berufspraxis.
2. Inspiration: Ausbruch aus dem Alltag, Blick über den eigenen Tellerrand, Sammlung neuer Ideen und Denkanstöße.
3. Netzwerken: Pflege von alten und Aufbau von neuen Geschäftsbeziehungen, Treffpunkt interessanter Menschen.

Bevor wir in die Zukunft blicken, lohnt ein Blick zurück. Die Wurzeln der ersten Konferenzformate sind ca. 400 Jahre alt. Die frühen Konferenzen sind zunächst vor allem Zusammenkünfte zu akademischen oder politischen Zwecken. Mit dem Einzug der Industrialisierung wächst im 19. Jahrhundert allerdings rasch das Bedürfnis, Plattformen zum Austausch einzelner Industriezweige zu kreieren. Hotels richten Versammlungsräume ein, Branchenverbände formieren sich – es entsteht eine richtige Industrie um Konferenzen. Neben den ausrichtenden Verbänden beginnen auch Unternehmen eigene Konferenzen zu veranstalten. In den letzten 50 Jahren haben schließlich auch immer mehr unabhängige Akteure und Agenturen den lukrativen Markt entdeckt und entwickeln neue Konferenzformate aus rein kommerziellen Absichten. Kurzum: die Konferenzindustrie hat sich rasant entwickelt.

Gleichzeitig hat sich das Modell von Konferenzen selbst seit den Anfangstagen nicht wesentlich geändert: Einzelne Menschen werden von den Konferenzveranstaltern auf Basis ihrer als besonders empfundenen Expertise oder ihrer besonderen Funktion als Sprecher eingeladen. Und viele nehmen diese Einladung gerne an. Denn es locken Ruhm und Ehre (gerade für Wissenschaftler essentiell), zünftige Honorare (für selbstständige Experten, Autoren und Zukunftspropheten) und eine halb-subtile Werbebühne für Produkte und Dienstleistungen (für Firmenrepräsentanten).

Diese erlauchten Personen halten nun aneinander gereihte Vorträge und/oder treffen im Rahmen einer Paneldiskussion aufeinander – während das Publikum primär lauschen und lernen soll. Interaktionen beschränken sich auf einzelne Publikumsfragen nach Vortragsende. Der eigentliche Austausch der Konferenzteilnehmer konzentriert sich auf Kaffeepausen, gemeinsame Mahlzeiten und die Drinks an der Hotelbar.

Nun ist es falsch zu sagen, Konferenzen hätten sich im Laufe der letzten 15 Jahre nicht verändert: der Einzug neuer Technologien ist an vielen Veranstaltern nicht spurlos vorbeigegangen. Neben der erwähnten Powerpointifizierung von Vorträgen erleben wir die Wunder der Technik an vielen weiteren Stellen: Wir registrieren uns online. Wir erfahren vor Ort über die mobile App der Konferenz, welcher Redner kurzfristig abgesagt hat. Wir twittern wie die Weltmeister, damit unsere Kollegen auf der »Twitter Wall« sehen, dass wir auch vor Ort sind. Und wenn wir die Zeit finden, füllen wir nach Konferenzende auch noch die digitalen Evaluationsbögen aus.

Allerdings – so meine These – ist an vielen Veranstaltern von Konferenzen der Einzug neuer Technologien doch in einem anderen Sinne spurlos vorbeigegangen. Mit der Verbreitung des Internets und der sozialen Medien hat sich in den letzten zehn Jahren für immer mehr Menschen die Art und Weise geändert, wie sie sich informieren, wie sie Inspiration finden, wie sie netzwerken.

Also die drei Faktoren, die die Grundmotivation bilden, warum Menschen Konferenzen besuchen.

In einem Zeitalter, in dem die meisten Informationen eine Google-Suche entfernt und die üblichen Keynotes von Konferenzrednern auch online erlebbar sind, in dem wir unser Wissen und unsere Erfahrungen durch Blogs, Twitter und Plattformen wie Quora teilen, gegenseitig kommentieren und ergänzen, in dem wir Kunden generell mehr Aufmerksamkeit schenken und Gestaltungsräume geben – in diesem Zeitalter wirken viele der heutigen von Keynote und Paneldiskussionen durchsetzten Frontalkonferenzen wie Formate, die die letzten zehn Jahre im Dauer-Winterschlaf waren.

Während zwar auf fast jeder Konferenz im Jahre 2012 zu hören ist, wie wichtig Kreativität und Innovation für die jeweilige Branche sind, so scheuen sich viele Konferenzveranstalter, am etablierten Programmmodell zu rütteln, aus der Komfortzone zu treten und noch einmal kreativ über die Fragen nachzudenken: Wie gestaltet man im digital vernetzten Zeitalter solch einen physischen, temporären dritten Ort? Wo kann man die intensive Zeit einer Offline-Zusammenkunft klug nutzen, um von- und miteinander zu lernen? Wo stehen Themen und Probleme im Vordergrund, die einen individuell und aktuell beschäftigen? Wo wird man inspiriert, zum Nachdenken und auch zum konkreten Handeln angeregt? Und wo hat man ausreichende Gelegenheiten, über die anderen Menschen mehr als das zu erfahren, was auf ihren Namensschildern steht?

Nun, was gut vernetzte Menschen im Internetzeitalter ausmacht: Wenn man ihnen nicht die Plattform bietet, die sie gerne hätten, dann kreieren sie einfach ihre eigene und stiften ihre Netzwerke zum Mitmachen an. Angefangen damit hat der Internetvisionär Tim O'Reilly, der 2003 verschiedene »Internet-Geeks« unter dem Namen »Foo Camp« (Foo = Friends of O'Reilly) in einem neuartigen Format zusammenbrachte. Der Ansatz: Die Agenda wird erst zu Beginn des Camps bestimmt, es gibt keine dezidierten Redner (jeder kann eine Session zu einem Thema anbieten), keine Anzüge, keine passiven Teilnehmer (jeder leistet einen Beitrag) und keine Anonymität (jeder Teilnehmer stellt sich zu Beginn allen anderen mit drei Stichwörtern vor).

Inspiriert von dem »Foo Camp« haben 2005 Ex-Teilnehmer angefangen, diesen Ansatz auch für nicht-O'Reilly-Freunde zu öffnen und unter dem Namen »Barcamp« unabhängige und für die Teilnehner kostenlose (Un)konferenzen zu veranstalten. Die – im Vergleich zu einer klassischen Konferenz viel geringeren Kosten – werden dabei über akquirierte Sponsoren gedeckt. Seitdem haben in mehr als 350 Städten weltweit »Barcamps« stattgefunden – jeweils von einer lokalen Community organisiert. Was als Format für »Geeks« und Technologie-Themen anfing, hat sich mit spezialisierten Themencamps auf viele Felder ausgeweitet. Inzwischen besuchen und bereichern auch etablierte Experten aus Wissenschaft, Politik und großen Unternehmen die offene, kreative und partizipative Gestalt von »Barcamps« und ähnlichen Unkonferenz-Formaten.

Wenn ich nun also an morgen denke – und das ist ja in diesem Buch gefragt: Werden in den nächsten Jahren Unkonferenzen wie »Barcamps« klassische Konferenzformate mit kuratierten Keynotes und hohen Teilnehmerbeiträgen ersetzen und aus dem Markt drängen?

Ich bin mir sicher: das wird nicht passieren. Denn reine Community-getriebene Unkonferenz-Formate bringen auch Nachteile mit sich, insbesonders für die Kernorganisatoren: Sie können sich nur schwierig für ihre Arbeit entlohnen, sind von der Gunst von Sponsoren abhängig und müssen auf die Möglichkeiten einer Kuratierung von Programmelementen und einer bewussten Zusammenstellung von Teilnehmern verzichten. Wenn man dies im Blick behält, lässt sich auch erklären, warum ein Tim O'Reilly nicht nur »Foo Camps« veranstaltet, sondern auch hochpreisige, klassisch formatierte und kuratierte Konferenzen zu Trendthemen aus der Netzwelt.

Allerdings bin ich mir auch sicher: Der zunehmende Erfolg der Unkonferenzen und die veränderten Erwartungshaltungen der Besucher im digital vernetzten Zeitalter werden viele Frontalkonferenzmacher zum Umdenken und Umgestalten bringen.

Ich vermute (und ja, da ist auch eine Portion Hoffnung dabei), dass wir die folgenden Veränderungen im Laufe der nächsten zehn Jahre erleben werden:

Mehr Partizipation: In fünf Jahren wird es in fast jedem Konferenzformat auch abseits der Pausen Programmelemente geben, in denen die Teilnehmer sich kennenlernen, austauschen und an gemeinsamen Herausforderungen arbeiten. Keynotes im bisherigen Sinne werden dazu eingesetzt, Inspiration, neue Perspektiven und Diskussionsaufhänger zu liefern. Da durchgeskriptete Podiumsdiskussionen aussterben, werden die Keynote-Redner in den partizipativen Formaten kräftig mitmischen – denn Experten suchen zur Profilierung nach wie vor den Diskurs.

Mehr Problemlösung: Es gibt wenige dritte Orte neben Konferenzen, wo sich mächtige Menschen aus Wirtschaft, Politik und Wissenschaft in einem internationalen Rahmen begegnen und so viel intensive Offlinezeit am Stück miteinander verbringen. Diese Möglichkeit muss von unabhängigen Konferenzveranstaltern genutzt werden, um gemeinsam unter einer neutralen Moderation an konkreten gesellschaftlichen Problemstellungen zu arbeiten. Hier werden visionäre Konferenzgestalter sich absetzen und einen Unterschied machen.

Mehr davor und danach: Nachhaltig erfolgreiche Konferenzgestalter kreieren nicht nur einen Event, sondern vor allem eine Community. Konferenzmacher werden sich viel mehr mit den Fragen beschäftigen, was vor, nach und zwischen Konferenzen passiert, wie man auch online Gesprächsanlässe schafft, Menschen verbindet und mit thematischen Impulsen inspiriert.

Mehr Konferenz + x: Ein starkes Community-Gefühl entsteht vor allem durch gemeinsame Erfahrungen. Deshalb werden Veranstalter als Teil ihrer Konferenz (und nicht als optionales Freizeitprogramm) mehr außergewöhnliche Programmelemente entwickeln. Gemeinsame Flashmobs, angezettelte Revolutionen, Weltrekordversuche, Massenkoch-Sessions, Extremsporterlebnisse und kollaboratives Fasten – alles was irgendwie umsetzbar ist, werden wir auch noch in Konferenzkontexten erleben.

Mehr Intimität: Das Community-Gefühl und der Charme gemeinsamer Erlebnisse skalieren allerdings bei steigenden Teilnehmerzahlen bei Konferenzen nicht mit. Anstatt immer größere Konferenzen zu veranstalten, werden kluge Konferenzmacher wieder intimere Erlebnisse mit weniger als 150 Leuten kreieren und durch Satellitenformate und Franchise-Ansätze trotzdem wachsen können.

Mehr DJ-Kultur: Neben wenigen Konferenzen, die von den Rockstar-Qualitäten ihrer Gastgeber leben, werden sich die meisten Konferenzgestalter als souveräne DJs üben. Sie kreieren das Umfeld, machen das Publikum dabei zu den eigentlichen Stars und passen stimmungsabhängig mit Empathie und Improvisationsgeist ihr Programm an.

Mehr Hybridformate: Veranstalter werden neue Schnittstellen und Apps entwickeln, mit denen die Inhalte und intensiven Diskussionen der Offline-Konferenzen im Web weltweit erlebbar gemacht werden und Stimmen aus der Onlinewelt zurück in die Konferenz fließen. Dabei werden die Interaktionen weit über einen Video-Livestream und eine »Twitter Wall« hinausgehen. Konferenzen werden auch für Nicht-Besucher zu multisensorischen Eintrittstoren, um neue Themen, Personen und Perspektiven zu entdecken.

Mehr Sponsoreneinbindung: Statt eingekauften Marketing-Vorträgen und überdimensionierten Bühnenlogos werden Sponsoren authentischer und wirkungsvoller ins Programm eingebunden. Auf der Bühne werden sie wirklich Wissenswertes mitteilen, wie zum z. B. die Lerneffekte aus Misserfolgen in ihrer Organisation. Neben der Bühne werden sie zu offenen Diskussionsformaten einladen, wo sie mit Konferenzteilnehmern Antworten auf für alle relevante Fragen finden. Mitarbeiter des Sponsors verlagern ihre Arbeitsplätze temporär in ein Co-Working Camp auf dem Konferenzgelände und machen ihre Arbeitskultur dort erlebbar. Es entsteht eine Begegnungsstätte für mögliche Mitarbeiter und zukünftige Freelancer – nicht uninteressant im »war for talents«-Zeitalter.

Mehr Grün: Ökologisch kluge Eventkonzepte werden zunehmend unverzichtbar. Gerade wer als Veranstalter einen sinnvollen Ressourceneinsatz im Programm zum Thema macht, aber keine nachvollziehbaren Entscheidungen getroffen hat im Hinblick auf regionales Catering, recyclebare Materialien und gemeinsame Shuttle-Services wird erleben, wie schnell ein sogenannter »shitstorm« starten kann.

Mehr Inspiration: Die Inspirationskraft tageslichtfreier, graumelierter Tagungsräume in Hotels und Messehallen ist überschaubar. Deshalb werden immer mehr Konferenzplaner ihre Events in charmantere Räumlichkeiten verlegen oder zumindest die Teilnehmer für einzelne Programmpunkte an inspirierende und thematisch passende Orte in der Konferenzstadt führen.

Mehr Transparenz: Viele Konferenzen werden von Teilnehmern als überteuert wahrgenommen. Der Grund: die Kostenfaktoren und Summen einer Konferenz sind für die allermeisten völlig unbekannt. Deshalb werden Konferenzgestalter ihre Kostenstrukturen vermehrt transparent und öffentlich machen. Gleichzeitig legt dies die Basis für neue Finanzierungsmodelle. So werden einige Veranstalter anstelle eines Sponsoring-Ansatzes ihre Konferenz über Mikro-Investoren mit Gewinnbeteiligung co-finanzieren, die dadurch gerade im Vorfeld selbst als Kommunikationsmaschinen fungieren.

Mehr Mensch: Die beste Nachricht zum Schluss. Überfrachtete Powerpoints werden aussterben. Wir werden uns in den verbleibenden Keynotes die an die Leinwand abgetretene Aufmerksamkeit zurückholen und anstelle von Bulletpoints und bunten Pfeilen werden sich wieder echte Menschen bewegen.

Nun, wenn also Konferenzveranstalter keine Angst vor der eigenen Transformation haben, dann werden wir uns auf viele spannende analoge und digitale Konferenzerlebnisse freuen dürfen. Vielleicht sogar auf guten Kaffee, wenn dieser nicht mehr in schlechter Variante als Konversationsstarter herhalten muss. Andernfalls, liebe Leser und Leserinnen, lieber Christian Schmitt, so haben Sie jetzt einige Anregungen bekommen, um im Zweifelsfall einfach ihr eigenes Konferenzformat zu gestalten.

Daniel Klingenfeld

Planetare Leitplanken und langfristige Politikgestaltung

Wie weit erstreckt sich der Verantwortungsbereich für politisches Handeln und welche Zeiträume sollen für politische Gestaltung berücksichtigt werden? Mit dem Begriff des »Gemeinwohlstands« umschreiben wir in diesem Band das Ziel, den klassischen Wohlstandsbegriff breiter zu fassen und in seinem Geltungsbereich sowohl geografisch als auch zeitlich zu erweitern. An diesem Punkte setze ich an und diskutiere in meinem Beitrag Herausforderungen für Politik und Gesellschaft, Gemeinwohlstand gerade auch in einer langfristigen, generationenübergreifenden und wahrhaft globalen Perspektive zu sichern. So sind die Anforderungen an ein modernes Wohlstandskonzept für das 21. Jahrhundert beträchtlich gestiegen, manche mögen meinen: in kaum zu erfüllendem Maße. In jedem Fall birgt ein breites Verständnis geteilten Wohlstands große Herausforderungen für eine langfristig gedachte und in wesentlichen Teilen auch global koordinierte Politik – eine Entwicklung, die oftmals auch als *Global Governance* bezeichnet wird, bei der jedoch Anspruch und Wirklichkeit derzeit noch weit auseinanderklaffen.

Der Diskurs über Nachhaltigkeit, über Ziele und Wege hin zu einem neuen Gleichgewicht der Menschheit mit der Natur, ist dabei zu einem zentralen Politikfeld geworden. Wissenschaftliche Erkenntnisse über den Zustand unseres Planeten und daraus abgeleitete mögliche Szenarien für künftige Entwicklungen sind ein wichtiger Treiber in diesem Prozess. Hier kommt ein neues Konzept aus der Erdsystemanalyse ins Spiel: planetare Leitplanken, die ökologische Rahmenbedingungen zur Sicherung der langfristigen Entwicklungsmöglichkeiten der Menschheit definieren. Es handelt sich um wissenschaftliche Empfehlungen, die aber nur den Beginn eines Dialogs unter Bürgern und Entscheidungsträgern darüber markieren können, welche langfristigen Politikziele mit welchen Strategien verfolgt werden sollen.

Beginnen wir mit einer Bestandsaufnahme, die insbesondere zwei Veröffentlichungen in den Fachzeitschriften *Nature* sowie *Ecology and Society* aus dem Jahr 2009 aufnimmt.[1] Der Befund des Status quo ist unmissverständlich: Der Mensch ist zu einer gestaltenden Kraft im Erdsystem geworden und übertrifft mit seinen Aktivitäten in einigen Bereichen (wie zum Beispiel dem Stickstoffeintrag) natürliche Prozesse bereits bei weitem. Handelte es sich im Zuge der Industriellen Revolution noch um lokale Eingriffe in die Natur, um Ressourcen zu fördern, Produkte herzustellen und zu den sich entwickelnden Märkten zu transportieren, so hat sich dieser Prozess im 20. und anbrechenden 21. Jahrhundert globalisiert und weiter beschleunigt. Maßgebliche Treiber dieser Entwicklung waren – und sind – ein ressourcenintensives Entwicklungsmodell sowie eine stetig wachsende und im Durchschnitt wohlhabender werdende Weltbevölkerung. In wesentlichen Bereichen formt die Menschheit mittlerweile den Planeten. Dabei tragen diese Eingriffe neben gewünschter materieller Wohlstandsvermehrung auch dazu bei, bestehende natürliche Gleichgewichte zu destabilisieren, und erhöhen das Risiko für Naturkrisen, gegen die sich unsere Gesellschaften nur schwer wappnen können.

Rufen wir uns vor Augen, dass sich die menschliche Zivilisation über die vergangenen rund 10.000 Jahre unter außerordentlich stabilen Umweltbedingungen entwickeln konnte. Forscher gehen davon aus, dass ohne Eingriffe des Menschen diese als Holozän bezeichnete Epoche noch tausende von Jahren währen würde – dass die Menschheit jedoch im Zuge der Industrialisierung und seither sich beschleunigender Eingriffe in das Erdsystem am Beginn einer neuen erdgeschichtlichen Epoche steht: dem Anthropozän. Dieser Begriff beschreibt eine Phase, in welcher der Mensch die Umwelt und die Lebensbedingungen auf dem Planeten maßgeblich formt. Vor diesem Hintergrund schlagen namhafte Forscher in den erwähnten Fachartikeln neun planetare Leitplanken vor, um auch im Anthropozän die stabilen Umweltbedingungen der vergangenen Jahrtausende fortzuschreiben und gefährliche Kipppunkte im Erdsystem zu vermeiden. Die im Einzelnen skizzierten Grenzwerte betreffen Klimawandel, Ozeanversauerung, Ozonschicht, Phosphor- und Stickstoffkreislauf, Süßwassernutzung, Landnutzungsänderungen, Biodiversitätsverlust, Aerosolausstoß sowie chemische Umweltverschmutzung.

Bei drei der neun betrachteten Erdsystemprozesse – Klimawandel, Biodiversitätsverlust und Stickstoffkreislauf – sind die von den Forschern vorgeschlagenen Leitplanken bereits deutlich überschritten worden. Insbesondere die Rate des Artensterbens hat sich gegenüber der vorindustriellen Zeit mehr als verhundertfacht und erfordert, so die Empfehlungen, entschlossenes Gegensteuern. Andere Grenzwerte werden bei Fortschreibung derzeitiger Trends in absehbarer Zeit (von Jahren bis wenigen Jahrzehnten) erreicht werden. Ein Hoffnungszeichen für erfolgreiches Erdsystemmanagement bietet derzeit einzig die Stabilisierung der Ozonschicht: Der im Montreal-Protokoll zum Ausdruck gebrachte kollektive Wille, diese Herausforderung anzugehen und ein globales Regelwerk zu schaffen, hat zu wirksamen Veränderungen geführt. Diese Erfahrung zeigt, dass koordiniertes globales Handeln auf Grundlage von wissenschaftlicher Erkenntnis eine echte Option auch in anderen Bereichen sein kann.

Was aber bedeutet die Veröffentlichung von Fachartikeln und Expertenmeinungen konkret für den gesellschaftlichen Diskurs und letztlich für langfristige Politikgestaltung? Wichtig ist hier zunächst, wie die diskutierten planetaren Leitplanken definiert wurden: So folgt die Setzung von Grenzwerten in den jeweiligen Bereichen dem Vorsorgeprinzip, das nicht zuletzt auf normativen Grundlagen basiert. Die weitgehende Bewahrung der geophysikalischen Stabilität während des Holozäns ist dabei die Maßgabe, der eine Risikoabschätzung ungebremster Veränderungen durch den Menschen gegenübersteht. Auch bestehen in einigen Bereichen, wie der chemischen Umweltverschmutzung und den Aerosolemissionen, noch erhebliche Wissenslücken, so dass sich konkrete Schwellenwerte noch nicht ableiten lassen. Schließlich verbleiben Unsicherheiten auch für besser gesichertes Wissen, die zum einen die Komplexität der untersuchten Prozesse spiegeln, zum anderen aber auch grundsätzlicher, wissenschaftstheoretischer Art sind. So kann jede wissenschaftliche Theorie, und sei sie auch noch so überzeugend und empirisch belegt, zumindest prinzipiell doch falsifiziert werden; einhundertprozentige Gewissheit kann es nicht geben.

Der Vorschlag einer Gruppe von Wissenschaftlern für die Setzung planetarer Leitplanken ist also keineswegs das elfte Gebot, das es demütig und unhinterfragt umzusetzen gilt. Ignorieren kann man den wissenschaftlichen Sachstand über mögliche Zukunftsrisiken aber ebenso wenig. So begründet die Kenntnis der Fakten Verantwortung, eine Debatte darüber anzustoßen, welche Risiken man einzugehen bereit ist und welche Anstrengungen im Umkehrschluss in Kauf genommen würden, um Risiken einzugrenzen. Wer aber soll diese Debatte führen, wer an ihr teilhaben? Aus meiner Sicht geht es hier nicht um eine Diskussion unter Eliten im verschlossenen Kämmerlein. Im Gegenteil gehören diese in erster Linie normativen Fragen – Wie wägen wir Gegenwart und Zukunft miteinander ab? Wie breit fassen wir unseren Verantwortungsbereich? Wie gehen wir mit Unsicherheit um? – mitten in einen breiten gesellschaftlichen Diskurs, auf Basis dessen es letztlich für jeden Bürger gilt, über Wahlen und darüber hinausgehende Bürgerpartizipation Farbe zu bekennen. Konkret also in Fragen der persönlichen Lebensführung bewusste Entscheidungen darüber zu treffen, wie man leben möchte und was man konsumiert, für welche Werte man privat und öffentlich eintritt.

Ich denke, dass auch – und gerade – die Politik Verantwortung trägt, diesen dynamischen Suchprozess zu unterstützen und aktiv zu begleiten. Nun wird von »der Politik« von vielen Seiten so einiges gefordert und erwartet. In dieser Frage sehe ich vor allem Fachpolitiker auf Bundes-, Landes- und kommunaler Ebene in der Pflicht, den wissenschaftlichen Sachstand aufzunehmen und den Dialog mit den Bürgern zu suchen. Vor allem aber kommt es auf echten *Leadership* – gerade auch in höchsten politischen Kreisen – an, um Veränderungen anzustoßen, gangbare Wege zu mehr Nachhaltigkeit zu skizzieren und dafür Mehrheiten zu suchen. Damit verbunden geht es um den Willen und die Fähigkeit – ja auch den

Mut –, globalen Herausforderungen mit einem globalen Ordnungsrahmen zu begegnen und tradierte Vorstellungen vom Nutzen uneingeschränkter einzelstaatlicher Souveränität in jedem Handlungsfeld genau zu überprüfen.

Auf dem Gebiet des Klimawandels und der Klimapolitik, mit dem ich mich im Detail beschäftige, existieren beispielsweise eine Reihe konkreter Vorschläge, wie sich eine planetare Temperaturleitplanke konkret umsetzen ließe. Um das globale Gemeingut eines stabilen Klimasystems zu sichern und dafür rechtzeitig den Scheitelpunkt der weltweiten Emissionen zu erreichen, bedarf es einer neuen Qualität in der internationalen Kooperation. Entscheidend ist hier meiner Einschätzung nach vor allem die Bereitschaft, starke gemeinsame Institutionen auf supranationaler Ebene aufzubauen, welche die Einhaltung von Regeln überwachen und diese auch tatsächlich gegenüber Nationalstaaten und Unternehmen durchsetzen können. An anderer Stelle diskutiere ich detailliert einen konkreten Architekturvorschlag, bei dem Staaten sich zur Gründung einer Weltklimabank entschließen, um das Einhalten eines langfristigen Kohlenstoffbudgets zu sichern.[2] Ob die Bereitschaft für derart weitgehende institutionelle Innovationen tatsächlich besteht, bleibt indes abzuwarten.

Das Ergebnis eines offenen gesellschaftlichen Wandlungsprozesses in diesem und den anderen genannten Handlungsfeldern kann niemand vorwegnehmen. Vielleicht bleibt es beim derzeitigen mehrheitlichen Konsens, ambitionierte Langfristziele zu definieren, bei der Umsetzung aber eher kleine Schritte zu gehen und so am Ende doch weit ab vom Ziel zu landen. Vielleicht kommt es zu Rückschlägen und Gegenbewegungen, wenn die Anstrengungen und kurzfristigen Kosten für ein nachhaltigeres Wirtschafts- und Entwicklungsmodell noch deutlicher zum Vorschein kommen, wohingegen dessen Nutzen zu entfernt und wenig greifbar erscheint. Schließlich bleibt aber auch eine dritte Möglichkeit: Die vorliegenden Erkenntnisse über die Grenzen menschlicher Eingriffe in das Erdsystem führen zu einem umfassenden Transformationsprozess, den wir proaktiv gestalten. Wir haben die Wahl.

Anmerkungen

[1] J. Rockström, W. Steffen, K. Noone, Å. Persson, F. S. Chapin III, E. Lambin, T. M. Lenton, M. Scheffer, C. Folke, H. Schellnhuber, B. Nykvist, C. A. De Wit, T. Hughes, S. van der Leeuw, H. Rodhe, S. Sörlin, P. K. Snyder, R. Costanza, U. Svedin, M. Falkenmark, L. Karlberg, R. W. Corell, V. J. Fabry, J. Hansen, B. Walker, D. Liverman, K. Richardson, P. Crutzen, and J. Foley (2009), Planetary boundaries: exploring the safe operating space for humanity. *Ecology and Society* 14(2): 32. Rockström, J. et al. (2009), A safe operating space for humanity. *Nature* Vol. 461: 472–475.

[2] Daniel Klingenfeld (2011), *Klimawandel: Gerechtigkeit bei der globalen Transformation.* In: G. Altner, H. Leitschuh, G. Michelsen, U.E. Simonis, E.U. von Weizsäcker (Hrsg.): Grüner Umbau. Neue Allianzen für die Umwelt. Jahrbuch Ökologie 2012, Stuttgart, S. 150–156. Daniel Klingenfeld (2012), *On Strategies for Avoiding Dangerous Climate Change: Elements of a Global Carbon Market.* Münster.

Roland Krause

Personalisierte Medizin und Genom

In zehn Jahren kann jeder Europäer die DNS-Sequenz seines Erbguts kostengünstig auslesen lassen und versuchen, aus ihr Veranlagungen für Krankheiten und Verhalten oder seine Abstammung zu ermitteln. Im Rahmen der »personalisierten Medizin« können Therapien anhand des Erbguts des Patienten festgelegt werden, wie im Jahr 2011 mehrfach erfolgreich geschehen. Die meisten Therapien sind auf den Patienten abgestimmt. In der Krebsmedizin erlaubt die Kenntnis der Sequenz eine notwendige Charakterisierung von Tumoren. Weitere medizinische Parameter, entweder bei Ärzten vermessen, zu Hause bestimmt oder mit dem Smartphone selbst erhoben, lassen sich mit einer Person und ihrem Genom verbinden und auswerten und ermöglichen personalisierte Therapien, vor allem aber Vorsorge. So ließe sich eine festgestellte Veranlagung für Fettleibigkeit mit einfacher Nahrungsanpassung beantworten. Leider sind die vorgeschlagenen Veränderungen des Lebensstils selten spezifisch und eine gesunde Ernährung und ausreichend Sport sind auch ohne Veranlagung keine schlechte Wahl.

Die Erhebung von Teilen seines Genoms ist seit ein paar Jahren Privatpersonen möglich. Dazu bedarf es nicht mehr, als in ein Röhrchen zu spucken und es zu Firmen in Übersee zu schicken. Dort wird die Sequenz ausgelesen und die Ergebnisse können über das Internet abgerufen werden. Die großen kommerziellen Anbieter legen Wert auf eine angemessene Darstellung im medizinischen Kontext. Eine persönliche Aufklärung durch einen Arzt findet jedoch nicht statt.

Die Erhebung der Sequenz ist in Deutschland stärker reglementiert und setzt einen medizinischen Anlass voraus, wie im Gendiagnostikgesetz geregelt. Die elektronische Weitergabe sogar von Notfalldaten der elektronischen Gesundheitskarte sind stark eingeschränkt, besonders damit Versicherer diese nicht ausnützen können. Damit wird der Einblick des Patienten stark eingeschränkt.

Zwei Europäer unterscheiden sich in etwa drei Millionen Positionen ihres Genoms, also in jeder tausendsten Position. Die Unterschiede an einzelnen Positionen werden als *single nucleotide polymorphisms* (SNPs) bezeichnet, von denen einige mit körperlichen Merkmalen, etwa Körpergröße oder Haarfarbe, verbunden sind. Die Genomsequenzen von zwei Individuen weisen außerdem Unterscheide auf, die mehrere tausend Basenpaare lang sind. Sowohl SNPs als auch große Variationen beeinflussen den Phänotyp, die Sammlung aller Merkmale eines Individuums im Wechselspiel mit der Umwelt. Viele dieser Variationen sind bereits beschrieben. Manchmal nehmen wir Veränderungen als Krankheit wahr, aber die weit meisten sind ohne bekannte Auswirkung.

Viele Eigenschaften wie Intelligenz oder Größe, aber auch Veranlagungen für Altersdiabetes ergeben sich aus dem Zusammenspiel von hunderten von SNPs. Jeder einzelne ist einer von vielen Einflussfaktoren, die zu einer Ausprägung führen können. Dennoch ist die Aussagekraft begrenzt.

Die Größe eines Menschen lässt sich mittels genetischer Marker schlechter vorhersagen als durch die Größe seiner Eltern. Da jedes Genom einige hundert Veränderungen aufweist, die nach dem Stand der Technik mit dem Verlust der Genfunktion charakterisiert werden, wird im Falle des Sequenzierung jeder mit erhöhten Wahrscheinlichkeiten für einige Krankheiten konfrontiert werden.

Einige Wissenschaftler mahnen, dass durch personalisierte Medizin dramatische Mehrkosten auf das *Gesundheitssystem* zukommen. Andere wenden ein, dass die Bestimmung einiger Positionen der DNS bereits zum medizinischen Standard gehört und mehr Informationen für weniger Geld zu Verfügung stehen. So soll die Bestimmung stattdessen zur Entlastung und massiven Verbesserung des Gesundheitssytems führen.

Das Gros der Kosten in der medizinischen Versorgung wird für Personal und Medikamente aufgewandt. Diagnostika – dazu zählt letztlich die Genomsequenz und ähnliche forschungsnahe Datenerhebungen – haben nur einen kleinen Einfluss auf die Kosten. Es ist nicht davon auszugehen, dass das deutsche Gesundheitssystem durch neue Diagnostika zusammenbricht, wenn es die Lasten des demografischen Wandels schultern kann.

Die größten gesellschaftlichen Auswirkungen würden aus der Bestimmung unserer Genomsequenzen entstehen, wenn man aus ihr auf unser Verhalten schließen und dies vorhersagen könnte. Aber wenn offensichtlich genetische Eigenschaften wie Größe oder Intelligenz nur zu einem geringen Prozentsatz aus den Genomdaten vorhergesagt werden können, sollte man erwarten, dass komplexe Verhaltensformen ebenfalls nicht so einfach abzubilden sind.

Die Forschung ist uneins, sowohl in der Existenz solcher genetischen Determinanten wie in deren Bewertung. Seit den 80ern wurden Gene für Monogamie, Homosexualität und Alkoholismus beschrieben – und bald darauf bestritten und oft widerlegt. Durch die Zunahme der Sequenzierkapazitäten in der Forschung werden fortwährend Korrelationen zwischen Verhalten und genetischen Markern veröffentlicht.

Ein Beispiel mit gesellschaftlicher Relevanz findet sich im »Aggressionsgen« MAO-A. Veränderungen in diesem Gen sind in der Bevölkerung weit verbreitet. In einer Studie wurde Neigung zu Gewalt festgestellt, wenn in der Kindheit bereits schwerste Gewalt erlebt wurde. Bei Menschen, die unter normalen Verhältnissen aufwuchsen, wurden keine Unterschiede im Verhalten festgestellt.

Männer, die nun erfahren, dass sie einen veränderten Genotyp tragen, dürften verunsichert sein, wenn sie nur mit solchen verkürzten Darstellungen konfrontiert werden. Welche Geschehnisse in ihrer Kindheit sind als traumatisch zu klassifizieren? Und wird man auf der Suche nach einem verlässlichen Partner nicht versucht sein, Kenntnis von seiner Veranlagung zu erlangen?

Das Problem ist in nächster Zukunft nicht, ob diese Korrelationen existieren. Weil der gesellschaftliche Druck auf die Untersuchung nach Genen für politische Orientierung, Homosexualität oder Aggression anhalten wird, werden Assoziationen in die Daten hineingelesen. Und je schwerer die Auswirkungen sein könnten, je wahrscheinlicher ist es, dass auch irrige Forschungsergebnisse verbreitet werden.

Korrelationen zwischen Genen und Verhaltensmustern existieren vermutlich bei Patienten mit neuropsychiatrischen Erkrankungen wie Schizophrenie oder Autismus. Deren Verhaltensausprägungen lassen sich auf Hirnregionen abbilden und es entsteht durch zunehmendes Wissen über die neurobiologischen Grundlagen ein besseres Verständnis dieser Krankheiten. Doch für sonstige, globale Verhaltensweisen ist eine Verbindung zu genetischen Veränderungen dünn. Der menschliche Organismus entsteht aus Zellen, die sich nur in der DNS-Sequenz unterscheiden. Diese genetischen Unterschiede zwischen zwei verschiedenen Menschen bestimmen zusammen mit der Umwelt die Entwicklung des Gehirns. Unklar ist jedoch, wie weit sich Rückschlüsse auf Verhaltensweisen ziehen lassen, welche nicht im Rahmen von neuropsychiatrischen Erkrankungen gewissermaßen eine Extremform aufweisen.

Nach bestehenden Gesetzen ist die Verbreitung von weit weniger persönlichen Daten wie des Genoms strafbewehrt. Trotzdem werden die Genome von Popstars oder Sportlern im Internet zu finden sein, wenn genügend Interesse an ihnen besteht. Dazu braucht es keine Tauschbörsen wie für Musik. Es reicht, wenn informelle Netzwerke bestehen, wie sie in kriminellen Kreisen für Kreditkartennummern existieren. Kreditkarten lassen sich einfach sperren, das Genom eines Menschen bleibt für praktische Belange unverändert. Sollte man auf eine anlasslose Erhebung der Daten nicht besser verzichten, wenn ein umfassender Schutz nicht garantiert werden kann?

Jeder sollte die Möglichkeit haben, sein Erbgut zu kennen und die Schlüsse selbst ziehen. Es wird für unsere Gesellschaft sinnvoll sein, sich früh mit möglichen Konsequenzen dieses Wissens auseinanderzusetzen.

In unserer Gesellschaft sollte jeder sein Genom veröffentlichen können, ohne daraus negative Konsequenzen befürchten zu müssen, aber niemand dazu gezwungen werden. Nach unserem Kenntnisstand enthält jedes Genom Marker, die eine erhöhte Wahrscheinlichkeit einer Krankheit anzeigen. Zumeist sind die einzelnen Beiträge so gering, dass der Patient daraus wenig Hilfestellung ziehen kann. Aber für private Krankenversicherungen ließen sich daraus Risiken berechnen und die Policen für jeden Patienten individuell gestalten. Diese Praxis ist derzeit verboten. Aber warum dürfen private Versicherer Risikozuschläge für Körperbehinderte erheben? Das Solidaritätsprinzip verletzt beides gleichermaßen. Sollte nicht konsequenterweise entweder die Verwendung genetischer Daten zugelassen oder das duale Krankenversicherungssystem aufgegeben werden?

Mit der Veröffentlichung eines Genoms lassen sich auch einfach Abstammungsverhältnisse bestimmen, was eine Reihe von gesellschaftlichen Verwicklungen bereithalten dürfte. Im günstigen Fall lassen sich Familien zusammenführen. Der vermeintliche Abstammungsnachweis eines rechtsradikalen ungarischen Politikers zeigt aber auch, wie solche Daten missbraucht werden können, obwohl die Aussage wissenschaftlich unhaltbar ist. In Island, wo die genetischen Marker eines Großteils der Bevölkerung durch eine Zusammenarbeit von öffentlicher Hand und einer Biotechnologie-Firma bestimmt wurden, hat man hierfür eine Softwarelösung geschaffen, welche die Balance zwischen Veröffentlichen der Daten und Privatsphäre gewährt und es jedem Teilnehmer ermöglicht, seine genomischen Daten einzusehen und zu teilen.

Eine solche Plattform könnte auf europäischer Ebene entstehen und jedem Bürger Zugang und Zugriff auf seine genomischen Daten geben. Im Zuge eines solchen Mammutprojektes könnten die Gesetzgebungen in Europa harmonisiert werden und ein nötiger Diskurs sollte einsetzen.

Martin Lätzel

»Man muss lernen, zu verantworten ...« – Bewusstseinsbildung durch Lebenslanges Lernen

Verantwortung, Gemeinwohlstand und Partizipation bekommen ihre konkrete Bedeutung erst durch Implementierung in die Gesellschaft. Jede Gesellschaft ist nur so gut wie die sie gestaltenden Individuen. Um einen neuen Gesellschaftsvertrag ins Werk zu setzen, braucht es die Veränderung des Denkens. Wenn dem so ist, wie Stephane Hessel und Richard David Precht in der ZEIT analysierten, dass die Utopien sich zunehmend ins Private verlagern, dann müssen neue gesellschaftliche Entwürfe ihren Ausgang im Privaten finden. Der Weg wird vom Individuum über die Region erfolgen. Erst dann kann globale Transformation gelingen. Kein Mensch kann sich in unserer Gesellschaft davon dispensieren, mit den Folgen seines Handelns konfrontiert zu werden, wenn die Zukunft gestaltet werden soll.

Nicht nur die wirtschaftliche Prosperität, zugleich die Formen der Demokratie, wie sie in Europa überwiegend gelebt werden, haben zu der guten und friedlichen Entwicklung der vergangenen Jahrzehnte beigetragen. So ist der Weg von notwendigen Veränderungen des Lebensstils ins Bewusstsein schwierig. Vieles ist zur Gewohnheit geworden. Umgestaltungen dürfen nicht quasi diktatorisch erfolgen. Veränderungen sind aber angesichts der großen Probleme unserer Zeit überlebensnotwendig. Das geht nur über Einsicht. Der Mensch, dem als Bürgerin oder Bürger Freiheit zugesprochen und garantiert wurde, kann allein in Freiheit erkennen, was mit seinem Engagement in das soziale und ökologische System eingebracht wird. Er und sie müssen wissen, was ihr Lebensstil und ihre Lebenseinstellung für Zeitgenossen und spätere Generationen bedeuten.

Die Ausgangsbedingungen sind nicht so schlecht. Wir leben in einer einigermaßen stabilen Gesellschaft und sind uns unserer

Historie bewusst. Eine deutliche Mehrheit der Menschen in unserem Land bejaht die freiheitlich-demokratische Grundordnung. Das sind die äußeren Fakten. Aber auch die humane Disposition gibt Anlass zur Hoffnung. Der Altruismus ist anscheinend dem Menschen zumindest in Teilen inhärent, und zwar über die reinen existenziellen Bedürfnisse hinaus. »Wir sind«, so der amerikanische Entwicklungspsychologe Michael Tomasello, »also in einem tieferen Sinn sozial [...]. In meinen Augen hat diese Entwicklung [im Zuge gegenseitiger Abhängigkeit, M.L.] zu einem mehr an Zusammenarbeit orientierten Lebensstil genuinen Altruismus hervorgebracht. Am Anfang stand die Zusammenarbeit und sie führte zur Unterweisung, zu sozialen Normen und Konformität.«[1] In diesem Sinne befinden wir uns in einer Art sozialer Dialektik, nämlich einer gemeinschaftlichen Entwicklung der Zivilisation, die noch nicht abgeschlossen ist und insofern durch den gesellschaftlich geführten Diskurs bzw. die Reflexion gesellschaftlicher Prozesse beeinflusst werden kann.

Verantwortung, Partizipation und Gemeinwohlstand kosten geistige und materielle Ressourcen. Die Ressource der Bildung ist das Denken. Der Wechsel des Bewusstseins, die Einsicht in notwendige gesellschaftliche Veränderungen, wird über eine Bildung kommen, die notwendige Rahmenbedingungen des zukünftigen Zusammenlebens skizziert. Eine Aufklärung der Nachhaltigkeit und Folgenabschätzung tut not. Der Rest ist Hoffnung, dass möglichst viele Menschen Einsicht zeigen. Letztlich kann, konstruktivistisch gedacht, Veränderung nur über Selbstveränderung erfolgen. Von daher kommt der Einsicht eine so große Bedeutung zu.

Das Wesen der Bildung kann von seiner etymologischen Herkunft her gedacht werden: als Prägung des Menschen nach einem Bild. War dies ursprünglich theologisch intendiert, muss es uns heute gelingen, die Skizze eines Zusammenlebens zu gestalten – ins Bild zu bringen – auf die hin es sich lohnt, das eigene Leben zu bilden und Verantwortung für die Gemeinschaft zu übernehmen.

Der neuzeitliche Bildungsbegriff findet seinen Ursprung bei Meister Eckhart und bezeichnet bei ihm den Weg des Menschen zu einer Gottesbeziehung. Indem jener – im biblischen Verständnis – als Abbild Gottes geschaffen ist, versucht er diesem ähnlich zu werden. Dieses Bemühen ist für Meister Eckhart die Bildung, also Kongruenz herzustellen mit einem Ideal. Selbst wenn man vom metaphysischen Gehalt dieser Etymologie abstrahiert, bleibt doch der Gedanke einer Bewegung des Menschen auf eine Idee, oder noch besser, auf ein Ideal hin, das sich zweifelsohne aus dem gesellschaftlichen Diskurs ergeben muss. Eine Bildung, die allein den eigenen Maßstäben genügt, bedeutet Anarchie. Das gemeinsame Ideal gilt es zu definieren, so dass Bildung zur Übernahme von Verantwortung befähigen kann. Der Entwurf eines neuen Gesellschaftsvertrages liefert dabei einen wichtigen Beitrag.

Die Kriterien sind heute nicht mehr gewiss, weder theologisch – nach der Erosion der Religiosität in unserer Gesellschaft – noch human, angesichts der Katastrophen des 20. Jahrhunderts. Allerdings wird man um die Diskussion nicht herumkommen, denn das vermag die Bildung nicht zu schaffen: ihre Referenzkriterien selber aufzustellen.

Ziel unserer Bemühungen muss sein, mit den definierten Werten im Zusammenleben einer (neuen) Gesellschaft zur Einsicht eines jeden Menschen zu kommen. Demzufolge gilt zu beschreiben, was Bildung für die Einsicht tun kann, unsere Gesellschaft in eine gute Zukunft zu transformieren.

Den Stoikern war die Einsicht (griech. *phronêsis*) eine der Haupttugenden. Verstanden wurde darunter Beurteilungsvermögen und das Wissen um das richtige Tun. Einsicht ist demzufolge eine moralische Kategorie.

Sittliche Einsicht, so Aristoteles in der »Nikomachischen Ethik«, ist, »eine mit richtigem Planen verbundene, zur Grundhaltung verfestigte Fähigkeit [...], die auf das Handeln im Bereich der Werte abzielt, die dem Menschen erreichbar sind« (S. 160). Aristoteles unterscheidet zwischen der Einsicht in das nützliche Handeln für das Individuum und die Gemeinschaft. Beides sei aufeinander angewiesen, das eine ohne das andere nicht denkbar. Einsicht gilt im Besonderen wie im Allgemeinen, muss jedoch zum Handeln führen. »Denn dies«, so Aristoteles, »bezeichnen wir vor allem als die Leistung des Einsichtsvollen, dass er kurz mit sich zu Rate geht, niemand aber geht mit sich zu Rate über das, was keine Veränderung zulässt und des echten Ziels entbehrt« (S. 163). Einsicht ist für Aristoteles etwas anderes als wissenschaftliche Erkenntnis, weil es sich bei ihr nicht um reines Denken, sondern um Erkenntnis durch Wahrnehmung handelt, die gebietet, was infolge des Verstandesurteils zu tun sei. Das Urteil ist subjektiv, doch eigentlich wird man, folgt man konsequent dem konstruktivistischen Ansatz, Veränderungen eh nur über Selbstveränderung, also über individuelle Einsicht erreichen.

Der wesentliche Punkt dafür ist, die eigene Bildungsbiografie nicht für abgeschlossen zu halten, sondern für neue Entwicklungen und zur Übernahme ethischer Verantwortlichkeiten offen zu sein. Deswegen ist das Konzept des Lebenslangen Lernens im Kontext der Weiterentwicklung unserer Gesellschaft unverzichtbar. Indem wir neue Aufgaben und Probleme sehen und bisher Gewohntes infrage stellen, sind wir herausgefordert, uns neue Kompetenzen und Verhaltensweisen anzueignen. Dafür müssen wir bereit sein, zu lernen und uns zu bilden. Für die Bildung brauchen wir Diskurs und Support. Das sind Räume und Gelegenheiten, in denen Diskussionen möglich werden; das sind Systeme – Institutionen formaler und non-formaler Art –, die Lehren und Lernen organisieren.

Notwendig dafür ist ein integriertes und lebenslanges Verständnis von Bildung. Die Prozesse, über die wir reflektieren in Bezug auf Verantwortung, Partizipation und Gemeinwohl, sind offene Prozesse. Das heißt, sie entwickeln sich ständig weiter. Deshalb kann die Bewusstseinsbildung auf diese Werte hin nicht abgeschlossen werden. Stattdessen geschieht ein ständiges Sich-neu-aneignen von Diskursen, Inhalten und Zielsetzungen. Eine derart verstandene Bildung ist nicht in den jeweiligen Lebensetappen abgeschlossen, sondern eine stetige Entwicklung.

War das Konzept des Lebenslangen Lernens in den 70er Jahren ein Reformkonzept der Bildung, hat sich das Verständnis mittlerweile erweitert und gefestigt. Jede Generation baut dialektisch auf dem Wissen der vorigen auf und entwickelt desgleichen für die nächsten Generationen. *Life-long-learning* ist ein Prozess durch die ganze Lebenszeit eines Menschen, zusätzliche Fähigkeiten werden je neu erlangt.

Dieses Verständnis von Lernen als einer Haltung bedeutet eine zeitliche, räumliche und inhaltliche Ausdehnung über die klassischen Ausbildungsinstitutionen hinaus. Angesichts einer sich rasch verändernden Welt vermittelt das Lebenslange Lernen obendrein die basale Kompetenz zur Veränderung. Lebenslanges Lernen ist eine Grundhaltung des Individuums für eine die gesamte Biografie umfassende Bildung und diese wiederum eine Grundvoraussetzung für eine am Gemeinwohl orientierte gesellschaftliche Entwicklung.

Bildung trägt dazu bei, in Referenzen und Bezügen zu denken und dadurch per se die Verantwortungsfähigkeit zu schulen. Die Bereitschaft des Bürgers und der Bürgerin zum Lebenslangen Lernen ist deshalb eine unbedingte Voraussetzung, damit in unserer Gesellschaft Verantwortung geübt werden kann.

Dass der Bildungsförderalismus dabei auf den Prüfstand kommen muss, ist evident. Das Ergebnis ist nicht ausgemacht. Die divergierenden Bildungsstrukturen, ja sogar Bildungsinhalte, verhindern heute eine Transparenz der Kompetenzen, die insbesondere in den Schulen vermittelt werden. Andererseits kann eine Veränderung des Bewusstseins primär nur in der näheren Umgebung auch unmittelbare Folgen haben und durch diesen Kontext bestimmt werden. Dementsprechend käme einem neu zu definierenden Bildungsförderalismus eine ganz neue Aufgabe zu. Ausgehend von deutschlandweiten Absprachen über Ziele und Standards – und zwar für alle Bildungsbereiche, Kindertagesstätten, Schulen, Hochschulen und Weiterbildung – können jeweils vor Ort regionale Curricula angewandt werden, die die jeweiligen Bedingungen und Herausforderungen berücksichtigen. Die Kriterien ergeben sich aus sozialwissenschaftlichen Erkenntnissen und der geographischen Lage. Evident ist die Frage nach dem Überleben unserer Umwelt.

Wir sind Schuldner der Vergangenheit und der Zukunft. Was sind schon vier Kilometer einer Autofahrt? Aber was sind vier Kilometer hoch gerechnet auf 80, 160, 250 Millionen Einwohner? Wer gibt uns das Recht, auf möglichst billige Nahrungsmittel zu pochen und dafür unklare Anbau- oder Produktionsrisiken und zunehmend auch prekäre Arbeitsverhältnisse in Kauf zu nehmen? Wer gibt uns das Recht, das Hemd wie die Meinung zu wechseln, obwohl wir mittlerweile eigentlich aufgeklärt genug sind, um zu wissen, was eine Baumwollmonokultur in den Anbauländern ausrichtet und dass zwar ein T-Shirt für vier Euro verkauft werden kann, aber nur, wenn man den Carbon-Footprint durch die Transportkette nicht einrechnet und in dem Bewusstsein, dass die Näherinnen in Bangladesch mies bezahlt werden? Wer gibt uns das Recht, selbst kleine Strecken mit dem Flugzeug zu fliegen, vielleicht sogar nur zum Shoppen mal eben nach London, weil es so schön billig ist? Billig ist es nur, weil die Preise nicht reell sind, weil Märkte geschaffen werden um der Märkte willen. Wer gibt uns das Recht auf billigen Strom, wohl wissend, dass noch unsere Ururururenkelkinder vermutlich nicht wissen, wohin mit dem Atommüll? Wer gibt uns das Recht, zu leben, wie wir leben, ohne Rücksicht auf Verluste?

Wer in Zukunft Wohlstand für alle will, muss über die Grenzen des Wachstums nachdenken. Wer auskömmlich leben will, muss dafür sorgen, dass auch andere auskömmlich leben können. Wer Energieversorgung und intakte Umwelt für künftige Generationen ermöglichen will, muss über Ressourcenschonung nachdenken und die Folgen des eigenen Handelns reflektieren. Die Themen sind vielfältig. Das macht nicht unbedingt Freude, weil die Lösungen wohl mit der Änderung unserer Lebensgewohnheiten einhergehen. Mit der Belastung steigt die Verantwortung. Das Wissen um die Konsequenzen unseres Lebensstils und die Kompetenzen, verantwortlich zu agieren, können durch Lebenslanges Lernen erlangt werden.

Lebenslanges Lernen ist vernetztes Lernen. Nicht bloß als Sozialform, sondern auch als Brainpool, um mit unterschiedlichen Kompetenzen zu Lösungen zu kommen. In den Bildungsinstitutionen ist diese Vernetzung bisher kaum abgebildet. Jede Bildungseinrichtung versucht, ein bestmögliches Angebot zu kreieren, um sich auf dem Markt zu positionieren. Kooperation bindet alle relevanten Akteure ein, fördert die Inklusion besonders Benachteiligter und sichert Erreichbarkeit von Bildung. Strukturell bedeutet dies, dass wir flächendeckend am Ausbau regionaler Bildungslandschaften arbeiten müssen. Veränderungen werden zuallererst regional initiiert werden. Inhaltlich bedeutet es, in allen Bildungsinstitutionen die dringenden Probleme unserer Zeit im regionalen Kontext zu thematisieren, um zu erfahrbaren Veränderungen zu gelangen. Das kann die Veränderung der Sozialstruktur in einem Stadtteil sein, das kann der ökologische Umbau des Wohnortes mit dem Ziel, einen größeren Grad an Selbstversorgung zu erreichen, sein, das können Projekte zur Bürgerbeteiligung an politischen Prozessen sein, das können Modelle wohnortnaher Energiegewinnung bedeuten.

In der jüdisch-christlichen Tradition findet sich die ausdrückliche Verbindung von der Freiheit des Individuums bei gleichzeitiger Verpflichtung zur Solidarität. Das Ich, so sagt Martin Buber, kann es ohne das Du gar nicht geben. Zwar sei jeder Mensch frei und einzigartig (deswegen kaum in ein kollektives Korsett zu zwingen). Aber aus dem Bewusstsein der Einzigartigkeit heraus ergebe sich die unbedingte Verpflichtung zur Nächstenliebe und zur Bewahrung der Schöpfung. Vielleicht kann gerade in heutiger Zeit dieser alte Gedanke wieder eine neue Wirksamkeit entfalten.

Man braucht kein Ziel um des Zieles willen, wie man keine Bildung um der Bildung willen braucht. Die Anforderungen, die sich für unsere heutige Gesellschaft ergeben, sind offenkundig, und sie schlagen sich in diesem Buch nieder. Sie aufzugreifen und durch (ethische) Bildung in Einsicht des Individuums zu transformieren, ist die Aufgabe der Zeit. Um des gedeihlichen und guten Fortbestehens und der Fortentwicklung unserer Gesellschaft willen kann sich niemand von der Verantwortung dispensieren, muss ein nachhaltiger Gemeinwohlstand das Ziel aller sein.

Anmerkung

[1] Im tiefsten Sinne sind wir soziale Wesen. Gespräch mit Michael Tomasello, in: *FAZ* vom 23.11.2011.

Sebastian Martens

Das Erbrecht der Zukunft

1. Einleitung

Seit geraumer Zeit wird eine immer stärkere Spreizung der Einkommens- und Vermögensverhältnisse in unserer Gesellschaft beobachtet. Das reichste Zehntel besitzt mehr als 60 % des Gesamtvermögens in Deutschland,[1] und der sogenannte Gini-Koeffizient der Einkommen, der ein anerkanntes Maß sozialer Ungleichheit darstellt, ist nach Studien der OECD seit Mitte der 1980er Jahre stetig gestiegen.[2] Dabei erzielt das einkommensstärkste Zehntel nicht nur ca. 25 % des Gesamteinkommens, sondern besitzt auch etwa das zehnfache Vermögen wie das einkommensschwächste Zehntel.[3] Dies liegt unter anderem daran, dass sich die oberen Sozialschichten langsam aus der Abhängigkeit vom Erbwerbseinkommen lösen und ihren Lebensunterhalt überwiegend oder sogar vollständig aus ihren Vermögenseinkünften finanzieren können, während gleichzeitig ein immer größerer Teil der Bevölkerung auch mit zwei oder noch mehr Jobs kaum genügend Einkommen erzielt, um seine Grundbedürfnisse befriedigen zu können, und deshalb auf staatliche Transferleistungen angewiesen ist.

Mit der Schichtung der Einkommens- und Vermögensverhältnisse korrelieren auch andere Ungleichgewichte: Die unteren sozialen Schichten rauchen mehr, ernähren sich schlechter, treiben weniger Sport, haben eine geringere Lebenserwartung, sind gesellschaftlich weniger engagiert, lesen weniger usw.[4] Diese Unterschiede werden an die folgenden Generationen weitergegeben. Denn die Kinder der Unterschicht erreichen kaum einmal einen höheren Bildungsgrad und verlassen die Schule nicht selten sogar ganz ohne Abschluss. Auf der anderen Seite des Spektrums perpetuieren sich die Verhältnisse nicht zuletzt dadurch, dass die Vermögen vererbt und an die nächste Generation weitergegeben werden. Diese Erbengeneration ist vor den Risiken des Wettbewerbs am Markt weitgehend geschützt, und sie braucht sich ihre soziale Position immer weniger selbst, gestützt auf die eigenen Talente, zu erarbeiten. Der intergenerationelle Vermögenstransfer führt so in einer katastrophenfreien und friedlichen Zeit, in der die Vermögen stetig wachsen können, langsam zur Herausbildung einer modernen Feudalstruktur, in der abgeschottete Parallelgesellschaften bestehen. Dabei spielt das Erbrecht eine wesentliche Rolle.

2. Der Wandel von Funktionen und Idee des Erbrechts

Seit jeher war es eine zentrale Aufgabe des Privatrechts, den geordneten Vermögensübergang von einer Generation auf die nächste durch Vererbung zu sichern. Dabei haben sich mit den Gesellschaftsstrukturen auch die Funktionen und die Idee des Erbrechts im Laufe der Zeit grundlegend gewandelt.[5] Lange war es einem Einzelnen kaum möglich, selbst während eines Lebensalters eine gesicherte Existenz von Null aufzubauen. Vermögen, das vor Unglück und Katastrophen wenigstens einigermaßen Sicherheit gewähren konnte, musste mühsam und langfristig aufgebaut werden und diente als soziale Sicherung der Familie. Der jeweilige aktuelle Vermögensinhaber war weniger individuell berechtigt, als vielmehr vorübergehender Treuhänder dieses Familienvermögens. In der feudalen Agrargesellschaft wurde freilich nicht nur das materielle Familienvermögen, sondern mit ihm auch die politische Macht vererbt. Denn der politische Einfluss hing ganz wesentlich von der Größe des feudalen Grundbesitzes ab. Dieser Grundbesitz war meist, etwa durch Fideikommisse, vor Verfügungen des jeweiligen Eigentümers geschützt, der es nur zeitweilig für die Familie verwalten durfte.

In der Zeit der industriellen Revolution lockerten sich diese feudalen Strukturen. Es bildete sich das bürgerliche Privateigentum heraus, das von einer freien Verfügbarkeit geprägt ist und durch seine hohe Umlauffähigkeit die schnellen Austauschprozesse der modernen Wirtschaft erst ermöglicht hat. Das Erbrecht in Form der Testierfreiheit wurde nun als Teil oder Fortsatz des Eigentums angesehen. Es schien nur natürlich, dass der Eigentümer nicht bloß zu Lebzeiten grundsätzlich frei über sein Eigentum verfügen darf, sondern darüber auch von Todes wegen disponieren kann. Diese enge Verbindung von Eigentum und Erbrecht hat sich bis heute erhalten und findet ihren Ausdruck nicht zuletzt in Art. 14 Abs. 1 S. 1 GG, der bestimmt, dass das Eigentum und das Erbrecht gewährleistet werden. Vielfach wird argumentiert, dass der Staat keine Rechte geltend machen könne an Vermögen, das aus versteuertem Einkommen aufgebaut worden ist.

Dieser Sicht liegt eine normative und keineswegs logisch-zwingende Idee des Eigentums zugrunde. Eigentum und Erbrecht sind keine natürlichen, unabänderlichen Phänomene, sondern gesellschaftliche Konstrukte.[6] Es ist eine Frage der sozialen Konvention, inwieweit die Gesellschaft exklusive Rechte des Einzelnen an welchen Gütern anerkennt. Weil jedes derartige exklusive Recht des Einzelnen zugleich alle anderen ausschließt, muss die Gesellschaft sich stets sorgfältig überlegen, welche Rechte sie aus welchen Gründen anerkennen will. Die Gründe, die für die Anerkennung eines exklusiven Rechts der grundsätzlich freien Verfügung über Sachen zu Lebzeiten sprechen, können freilich kaum ein entsprechendes Recht von Todes wegen rechtfertigen. Denn die gesellschaftliche Anerkennung einer Verfügung von Todes wegen setzt nicht den Willen eines Mitglieds der Gesellschaft durch, sondern die Gesellschaft bindet sich an einen Willen ohne aktuelles persönliches Substrat. Der Erblasser ist im Zeitpunkt des Erbfalls tot und kann kein Interesse an dem weiteren Schicksal seines früheren Vermögens mehr haben. Ein solches Interesse haben nur die lebenden Mitglieder der Gesellschaft, die durch die Anerkennung fortbestehender Rechte der Toten die Endgültigkeit des eigenen Todes negieren.[7] Rechte der Toten bestehen tatsächlich immer nur im Interesse der Lebenden.

Die Möglichkeit, lebzeitig erworbenes Vermögen vererben zu können, kann motivierend wirken, solches Vermögen zugunsten der eigenen Familie und insbesondere der eigenen Kinder aufzubauen. Das Erbrecht des Erblassers wird deshalb nicht zuletzt mit solchen Sparanreizen gerechtfertigt. Doch sollte die Bedeutung der Erbschaften für die soziale Sicherung der Erben nicht überschätzt werden. Denn erstens existieren im modernen Wohlfahrtsstaat staatliche Sicherungssysteme, die die früheren familiären Sicherungen weitgehend ersetzt haben. Zweitens sind die Erben heute typischerweise über 50 Jahre alt und damit in einer Lebensphase, in der sie meist bereits selbst ein eigenes Vermögen aufgebaut haben.[8] Drittens ist die Erbmasse in der Regel relativ klein: Ca. 45 % der Erbschaften sind geringer als 20.000 Euro. Große Erbschaften können regelmäßig nur sehr wenige erwarten, die auf solche unverdienten Vermögen zudem nicht mehr zur sozialen Grundsicherung angewiesen sind: Die Hälfte des vererbten Vermögens in Deutschland konzentriert sich auf ca. 16 % der Erbfälle und nur ca. 2 % der Erben erhalten 500.000 Euro und mehr.[9]

3. Erbrecht und Chancengleichheit

»Das Erbrecht ist damit für die soziale Oberschicht von erheblichem wirtschaftlichem Belang, für die Mittelschicht hat es eine begrenzte materielle Bedeutung; für die untere Hälfte der Bevölkerung allenfalls noch eine indirekte Relevanz, soweit es sich auf die Vermögensverteilung und damit auf die soziale Schichtung auswirkt«.[10] Denn obgleich die Erben der Oberschicht im Zeitpunkt des Erbfalls regelmäßig schon längst etablierte Mitglieder ihrer sozialen Klasse mit eigenem Vermögen sind, verfestigt sich durch das ererbte Vermögen ihre Stellung und der feudale Familienbesitz wird erhalten, den die Erben dann ihrerseits dazu nutzen können, der folgenden Generation eine gesicherte Existenz unabhängig von den Unbilden des Marktes zu ermöglichen.

Diese privilegierte Stellung der Oberschicht widerspricht dem Leistungsprinzip und dem Gedanken der Chancengleichheit, der für eine offene Gesellschaft fundamental sein sollte. Zwar werden die einzelnen Mitglieder der Gesellschaft nicht gleich geboren, sondern weisen höchst unterschiedliche Begabungen und Talente auf.

In einer offenen Gesellschaft des gleichberechtigten Zugangs[11] sollte indes jeder diese seine Begabungen und Talente entwickeln und sie zum Wohle der übrigen Mitglieder der Gesellschaft einsetzen können, die ihn dafür entsprechend belohnen. So wird der Wert der verschiedenen Fähigkeiten grundsätzlich von allen gemeinsam am Markt bestimmt und zugleich der höchste Nutzen für alle erzielt.

In einer feudalen Gesellschaft scheiden nun einige wenige aus diesem allgemeinen Marktgeschehen aus, da sie aufgrund ihres Vermögens nicht mehr auf eine Teilnahme angewiesen sind. Zugleich wird es den unteren Schichten mit einer zunehmenden Spreizung der Vermögensunterschiede immer weniger möglich, durch eigene Leistung in die oberen Schichten aufzusteigen[12]. Die Anreize zur Arbeit und zur (Fort-)Bildung sinken in dem Maße, wie der soziale Aufstieg als irreale Utopie erkannt wird.

4. Reformvorschläge

Chancengleichheit in dem Sinne, dass sich grundsätzlich jeder nach seiner Begabung frei entfalten und seinen Platz in der Gesellschaft erarbeiten kann, lässt sich nicht allein und erst recht nicht vollkommen durch eine Reform des Erbrechts herstellen. Denn inwieweit Talente gefördert werden, hängt vor allem davon ab, in welcher Umgebung ein Kind aufwächst. Wohlhabende Eltern können ihren Kindern aber auch ohne Erbrecht regelmäßig eine bessere Bildung ermöglichen als arme Eltern. Vollkommene Chancengleichheit ließe sich nur verwirklichen, wenn alle Kinder ihren Eltern nach der Geburt weggenommen und in zentralen Einrichtungen aufgezogen würden. Ein solches Gesellschaftsmodell, wie es etwa von Platon in der *Politeia* vorgeschlagen wurde, scheint indes unmenschlich.

Dass vollkommene Chancengleichheit allenfalls theoretisch unter Einsatz inhumaner Mittel erreichbar wäre, sollte jedoch nicht daran hindern, sie als ideales Ziel anzustreben und die gesellschaftlichen Strukturen so zu gestalten, dass möglichst große Chancengleichheit besteht. Insbesondere Ungleichheiten, die erst durch gesellschaftliche Konstrukte geschaffen werden, sollten beseitigt oder doch zumindest ausgeglichen werden. Aus diesem Grund sollte insbesondere das Erbrecht so reformiert werden, dass es nicht länger die Entstehung eines modernen Feudalsystems befördert.

Dabei scheint eine vollständige Abschaffung des Erbrechts weder politisch durchsetzbar noch wünschenswert. Denn zum einen besteht sicher ein legitimes Interesse der unmittelbaren Angehörigen an Gegenständen der Erinnerung an den Verstorbenen. Zum anderen sollte auch der Wunsch des Erblassers respektiert werden, seiner Familie eine gewisse Grundsicherung zu hinterlassen. Da diese Grundsicherung aber in einen Konflikt mit dem Prinzip der Chancengleichheit gerät, sollten die hierfür notwendigen Beträge nicht zu hoch angesetzt werden. Jenseits dieser (Frei-)Beträge sollte eine stark progressive Erbschaftssteuer eingreifen mit schließlich möglichst konfiskatorischer Wirkung. Die derzeit geltenden Freibeträge wären daher deutlich herabzusetzen und die Erbschaftssteuersätze ebenso deutlich zu erhöhen. Die dabei zu erwartenden staatlichen Mehreinnahmen sollten nicht in den allgemeinen Haushalt fließen, sondern zum Schuldenabbau zugunsten aller Mitglieder der nachkommenden Generationen eingesetzt werden.

Problematisch ist freilich die Möglichkeit von Umgehungsgeschäften, durch die Erblasser bereits zu Lebzeiten und durch andere rechtliche Gestaltungen versuchen können, ihr Vermögen an der Erbschaftssteuer vorbei an die nächste Generation zu übertragen. Solche Umgehungsgeschäfte müssen entweder steuerlich wie ein Erbfall behandelt oder dürfen gar nicht als rechtlich wirksam anerkannt werden. Zudem sollten Anreize geschaffen werden, erworbenes Vermögen am Ende des Lebens freiwillig zum Wohle der Gesellschaft zu spenden und in öffentliche Projekte, etwa im Wege von Stiftungen, zu investieren.

Anmerkungen

[1] Vgl. Wochenbericht des DIW Berlin Nr. 4/2009, S. 59.
[2] Vgl. die Zahlen zu »Germany« unter: http://stats.oecd.org/Index.aspx?QueryId=26068.
[3] Vgl. die Aufstellung der Einkommensverteilung und Vermögen nach Zehnteln der Bundeszentrale für politische Bildung von 2009 auf der Grundlage von Daten des SOEP, abrufbar unter: http://www.bpb.de/files/7GSGVW.pdf.
[4] Vgl. nur den Beitrag von Köcher, Produzieren wir eine Schicht sozialer Verlierer? in: *FAZ* vom 17.8.2011, abrufbar unter: http://www.faz.net/-022e6s.
[5] Vgl. einführend Schröder (1987), *Der Funktionsverlust des bürgerlichen Erbrechts*, in: Mohnhaupt (Hrsg.), Zur Geschichte des Familien- und Erbrechts, Frankfurt/Main, S. 281 ff.
[6] Vgl. Rousseau (1755), *Discours sur l'origine et les fondements de l'inégalité parmi les hommes.*
[7] Vgl. in diesem Zusammenhang immer noch grundlegend Becker (1973), *The Denial of Death.* New York.
[8] Vgl. Wochenbericht des DIW Berlin Nr. 4/2009, S. 62.
[9] So die Zahlen bei Goldschmidt (2009), *Ist erben ungerecht?*, in: ders. (Hrsg.), Generationengerechtigkeit, Tübingen, S. 101, 105 m.w.N.
[10] Beckert (2004), *Unverdientes Vermögen*, Frankfurt/Main, S. 28.
[11] Vgl. zur Beschreibung der modernen westlichen Gesellschaften als *open access societies* grundlegend North, Wallis und Weingast (2009), *Violence and Social Orders*, Cambridge.
[12] Vgl. insofern die Statistik zur Vermögensmobilität in Deutschland von 2002 bis 2007 im Wochenbericht des DIW Berlin Nr. 4/2009, S. 65.

Oliver Müller

Bessere Gehirne für eine bessere Gesellschaft?

Schülerinnen und Schüler treffen im Theater Freiburg auf Neurowissenschaftler und Regisseure. Sie fragen, diskutieren, recherchieren und stehen am Ende auf der Bühne – allerdings nicht als Romeos und Julias, sondern als junge Menschen, die die zunehmende Verfügbarkeit ihrer Gehirne umgetrieben hatte und die auf den Bühnen des Theaters eine neugierige Öffentlichkeit für ihre Fragen an die Wissenschaft, die Ethik, die Politik und die Gesellschaft gefunden haben. An dem von der Kulturstiftung des Bundes geförderten Projekt waren sieben Schulen, das Theater und das Institut für Ethik und Geschichte der Medizin der Universität, das an Neurotechnologien arbeitende Bernstein Center Freiburg und Kollegen aus der Klinik, aus Neurologie und Neurochirurgie beteiligt. Wir haben es »Optimierung des menschlichen Gehirns« genannt und versucht, einen interdisziplinären und künstlerischen Resonanzraum für eine beunruhigende Entwicklung in der Biomedizin zu schaffen, die die Gesellschaft der Zukunft prägen wird.[1]

Diese Entwicklung ist der zunehmende Einsatz von Medikamenten zur Steigerung individueller Leistungen und zur »Korrektur« der Gefühle von völlig gesunden Menschen. Die Bestrebungen, in optimierender Absicht auf das Gehirn von Menschen zuzugreifen, werden seit einigen Jahren unter dem Stichwort »Neuro-Enhancement« diskutiert (enhancement = Steigerung, Verbesserung); dabei ist meist von den Medikamenten »Ritalin« und »Prozac« die Rede. Ritalin ist ein Medikament, das therapeutisch bei krankhaften Aufmerksamkeitsdefiziten eingesetzt wird und das auch bei Gesunden die Aufmerksamkeit ein wenig steigert. Prozac ist ein Antidepressivum, das bei gesunden Menschen eine gewisse Verbreitung gefunden hat, weil man sich mit Hilfe dieses Medikaments »besser als gut« fühlen kann. Schon in den 1960er

Jahren wurde ein stimmungsaufhellendes Präparat in zynischer Betulichkeit »Mother's little helper« genannt.

Derartige chemische Nachbesserungen unserer selbst haben derzeit zwar eine noch recht bescheidene Wirkung, doch nennen Statistiken eine Verbreitung und ein Interesse an derartigen Medikamenten, die auch in Deutschland in die Millionen gehen. Die Rede von einer »wunscherfüllenden Medizin« oder von einer »Lifestyle-Neurowissenschaft« ist ein Indikator für eine sich wandelnde Bedürfnislage – eine Bedürfnislage, auf die schon längst ein riesiger Markt reagiert; bereits jetzt werden im Bereich der »kosmetischen Psychopharmakologie« Milliarden umgesetzt.

In den nächsten Jahren und Jahrzehnten wird sich unserer Arbeitswelt durch diese Tendenz spürbar verändern. Dadurch, dass der Leistungsdruck oft individuelle Unzulänglichkeitserfahrungen hervorruft, scheint nichts näher zu liegen, als auf individuelle Schwächen gezielt mit Hilfe von Medikamenten zu reagieren. Denn Schwächen wollen und können wir uns am Arbeitsplatz nicht leisten: Schüchternheit ist nicht nur im Vorstellungsgespräch ein Ärgernis; Konzentrationsschwächen nach einem Arbeitstag sind lästig, wenn die Kollegen alle noch fit sind; melancholische Phasen sind nervig, weil wir dann nicht so effektiv arbeiten. Wenn es Medikamente ohne größere Nebenwirkungen gäbe – was läge näher, als danach zu greifen, um den Leistungsanforderungen besser gewachsen zu sein?

Manche Neuroethiker halten es daher nicht nur für unproblematisch, sondern auch für akzeptabel, entsprechende Medikamente einzunehmen, wenn man die Anforderungen der Arbeitswelt dadurch besser bewältigen kann. Wer derartige Medikamente nicht einnehmen wolle, müsse es ja nicht, denn es bleibe ja die freie Entscheidung des Einzelnen. Die Medikamente zu verbieten, würde die Autonomie von Personen verletzen, denn schließlich sei es eine Errungenschaft, dass wir in einer Gesellschaft leben können, in der der rechtlichen und moralischen Regulierung unserer Lebensweise Grenzen gesetzt sind.

Doch sollten wir es uns an diesem Punkt nicht zu einfach machen! Denn Ethik und Recht fallen nicht einfach zusammen. Es ist die originäre Aufgabe der Ethik, sich nicht nur über rechtlich kodifizierbare Normen zu verständigen, sondern auch über diejenigen Normen, die den Rahmen unserer Lebensweise betreffen. Schon Aristoteles hat darauf hingewiesen, dass wir in der Ethik ein Wissen von der Güte der Lebensführung entwickeln, die uns umrisshaft einen Rahmen vorgibt, aus dem heraus wir unsere individuelle Orientierung generieren. Im Fall der medikamentösen Optimierung unserer selbst hätte die ethische Reflexion auf die eventuelle Verzerrung unseres Verständnisses von »Leben führen« oder »Probleme bewältigen« hinzuweisen, wenn pharmakologische Lösungsansätze für lebensweltliche Aufgaben und Anforderungen favorisiert werden; der Einsatz von medizinischen Mitteln wie Medikamenten, um auf soziale Probleme zu reagieren, nennt man »Medikalisierung der Lebenswelt«. Zu fragen wäre hier: Ist pharmakologisches Enhancement tatsächlich eine begrüßenswerte Form der kreativen Selbststeigerung? Oder ist es eine in der Reduzierung der eigenen Möglichkeiten durch die Privilegierung der einfachen Lösung einseitige Problembewältigungsstrategie für komplexe Lebensführungsfragen?

Wir können diese Fragen nur beantworten, wenn wir uns darüber verständigen, wer oder was dieses »Selbst« ist, das medikamentös veredelt werden soll. Philosophisch kann dieses Selbst nicht als eine Substanz verstanden werden, wir können das Selbst nur indirekt über Deutungen und kulturelle Formen erschließen. Wir sind daher das, als was wir uns verstehen. Betrachten wir uns als steuerbare Biomaschine, dann liegt die Wahl der Medikamente nahe. Interpretieren wir uns selbst als sozial eingebundene Wesen, dann werden wir bei Unzulänglichkeitserfahrungen am Arbeitsplatz auch die soziale Dimension berücksichtigen. Verstehen wir uns als fragile Wesen, dann werden wir unsere Unzulänglichkeiten als »normal« einstufen. In dem Begriff des Selbst bündeln sich verschiedene Vorstellungen des Seelischen, Geistigen, Körperlichen, Sozialen und Lebensgeschichtlichen, die uns als Menschen charakterisieren. Die Erkundung unseres Selbst wird nie abgeschlossen sein, nach Hans Blumenberg ist es ein Zeichen von Kultur, wenn man auch die nie endgültig zu beantwortenden

Fragen respektiert, zögert statt schnelle Antworten gibt, nachdenklich ist.

Das Beispiel des Neuro-Enhancement führt uns ein doppeltes Problem vor Augen: Zum einen leben wir in einer Gesellschaft, die sich leicht von Reduktionismen verführen lässt. Die von den Neurowissenschaften angezettelte Debatte um die Freiheit des Willens hat gezeigt, wie schnell vielerorts abendländische Reflexionstraditionen über Bord geworfen wurden zugunsten eines dürren Bildes des Menschen als Anhängsel seines Gehirns, das jenem seine Freiheit zum Zwecke des Überlebens vorgaukelt. Die Verbreitung und Akzeptanz der Medikamente zur Steigerung seiner selbst ist auch durch die reduktionistischen Deutungen unserer selbst, mit denen manche Neurowissenschaftler hausieren gehen, erklärbar. Denn wenn wir letztlich von unseren Gehirnen gesteuert werden, bietet es sich an, Gehirnfunktionen direkt zu korrigieren, wenn uns unsere Leistung nicht passt. Zum anderen: Der ethischen Debatte um das Neuro-Enhancement kann man auch entnehmen, dass die Rolle der Ethik in unserer Gesellschaft zu einseitig gesehen wird. Ethik hat die Aufgabe, Normen und ihre Genese zu erklären und zu begründen. Daher erwarten wir zu Recht konkrete Gebote und Verbote. Doch darüber hinaus hat die Ethik die Dilemmata unserer modernen Lebenswelt zu reflektieren. Das heißt hier: Auch wenn wir aus ethischer Sicht kein rechtliches Verbot für Neuro-Enhancement-Präparate fordern können, ist damit eben noch nicht alles gesagt. Im Sinne des antiken »Erkenne dich selbst« oder des Kantischen »Habe Mut, dich deines eigenen Verstands zu bedienen!« kann die Ethik nach den Quellen unseres Selbst suchen und die Fragen formulieren, mit denen wir ein vielfältiges kulturelles und soziales Orientierungswissen um uns selbst lebendig halten können.

Wie das gehen kann, war in dem eingangs erwähnten Schülerprojekt zu erleben. Vorurteilsfrei und phantasievoll haben alle Beteiligten über die Ziele des Lebens, die zur Verfügung stehenden Mittel, die Formen des Guten und Authentischen gerätselt und gestritten – ohne »Ergebnis«, das man in eine Powerpoint-Präsentation übersetzen könnte, aber doch mit einer Sammlung von Ideen, Geschichten, Bildern, Texten, die bei den Zuschauern lange nachhallten. Was aber auch blieb, war das Gefühl, dass wir noch mehr solche Orte der Verständigung brauchen, samt dem völlig unökonomischen Überschuss an Zeit und Energien. Partizipation lässt sich nicht verordnen, sondern ist etwas, das wächst, und wenn man es pflegt, gedeiht.

Anmerkung

[1] Das Projekt ist dokumentiert in folgendem Band: Oliver Müller, Giovanni Maio, Joachim Boldt, Josef Mackert (Hrsg.) (2011), *Das Gehirn als Projekt. Wissenschaftler, Künstler und Schüler erkunden unsere neurotechnische Zukunft*. Freiburg.

Ralf Retter

Global Governance und die G20

1. Einleitung

Die Lösung zentraler Herausforderungen des 21. Jahrhunderts, wie z. B. der Kampf gegen den Klimawandel, die Finanzmarktstabilisierung und die Bekämpfung von Armut, sind grenzüberschreitender Natur und bedürfen der internationalen Kooperation. Im Rahmen zahlreicher internationaler Organisationen wie der Vereinten Nationen hat es sich aufgrund von Konsenspflichten, Machtblockaden und der Widerspiegelung überholter Machtverhältnisse häufig als schwierig erwiesen, effiziente und wirksame Antworten auf diese Herausforderungen und Probleme zu finden. Angesichts des hohen Handlungsdrucks bei den genannten globalen Problemen ist diese Situation unhaltbar und der Ruf nach neuen und effizienten *Global-Governance*-Strukturen laut geworden. Ein Beispiel für eine neue Art von *Global Governance* ist die G20, die im Zuge der internationalen Finanz- und Wirtschaftskrise entstanden ist und in deren Rahmen die wichtigsten Industrie- und Schwellenländer auf gleicher Augenhöhe zusammenkommen, um neben der Finanzmarktregulierung auch über Themen wie Handel, Energie und Entwicklung zu beraten. Dieses Essay untersucht, inwiefern die G20 trotz der an ihr häufig geübten Kritik mangelnder Legitimität und zu großer Exklusivität geeignet ist, den in vielen Fragen immer noch vorhandenen Nord-Süd-Gegensatz in internationalen Organisationen aufzubrechen, eine gemeinsame Verantwortungsgemeinschaft der wichtigsten Industrie- und Schwellenländer für die zentralen Probleme im 21. Jahrhundert zu schaffen und dadurch wirksame Beiträge und Impulse zur Problembewältigung zu leisten.

Zu diesem Zweck werden die Genese und Arbeit der G20 skizziert und das Dilemma zwischen Legitimität einerseits und Effizienz dieses Forums andererseits erläutert. Als Beispiel wird untersucht, wie das bislang wenig beleuchtete G20-Thema Entwicklungspolitik im Rahmen dieses Forums behandelt wird und wie sich der Entwicklungsansatz der G20 im Vergleich zu traditionellen Entwicklungspolitiken auszeichnet. Es wird insbesondere argumentiert, dass auch das Problem des Klimawandels verstärkt in der G20 thematisiert werden sollte, da die Verhandlungen im Rahmen der Klimarahmenkonvention (UNFCCC) seit längerem blockiert erscheinen und nur schleppend vorankommen.

2. Entstehung der G20

Die Wirtschafts- und Finanzkrise 2008 war der Auslöser dafür, dass die führenden Industriestaaten und Schwellenländer entschieden, dass sich die schon seit 1999 bestehende G20 nicht nur – wie bisher geschehen – auf der Ebene der Finanzminister und Notenbankgouverneure, sondern zukünftig auch auf der Ebene der Staats- und Regierungschefs treffen sollen. Im November 2008 trafen sie sich erstmalig auf einem G20-Gipfel in Washington DC, um über Schritte zur Lösung der globalen Finanzkrise zu beraten. Dieser Schritt war eine Konsequenz dessen, dass der Aufstieg der Schwellenländer zu unverzichtbaren Partnern bei der Bewältigung globaler Probleme wie der Finanzmarktkrise und des Klimawandels seit längerer Zeit unverkennbar war und Diskussionen über eine Erweiterung der G8 schon zu diesem Zeitpunkt intensiv geführt wurden. Neben der Widerspiegelung dieser Tatsache muss die Entstehung der G20 auch als Reaktion darauf gedeutet werden, dass sich seit dem Ende des Ost-West-Konfliktes die globalen Entscheidungsprozesse dank wachsender globaler Interdependenzen, einer Erweiterung der Zahl globaler Akteure und neuer Machtverschiebungen als zunehmend komplex erwiesen haben und sich viele multilaterale Strukturen in einer Krisensituation befinden. So deuten die Rückschläge bei der Doha-Welthandelsrunde, die geringen Fortschritte bei den internationalen Klimaverhandlungen und die Schwächen der globalen Finanzarchitektur darauf hin, dass die *Glo-*

bal-Governance-Strukturen wie etwa die WTO und die UNFCCC in vielen Bereichen zurzeit ineffizient sind.

3. Legitimität und Effizienz

Bei diesen internationalen Organisationen und der G20 spiegelt sich das zentrale Dilemma zwischen Legitimität und Effizienz wider, dessen Bewertung zukünftig für die Lösung globaler Probleme von entscheidender Bedeutung sein wird. Es lässt sich auf die Formel bringen: Je größer der Kreis der Beteiligten und je heterogener die Interessen sind, desto schwieriger ist es, sich auf ein gemeinsames Vorgehen zu einigen. Je kleiner wiederum der Kreis ist, desto geringer sind Legitimität und Akzeptanz der Lösungsvorschläge. Zwar repräsentieren die G20 zwei Drittel der Weltbevölkerung, 90 Prozent des Weltsozialprodukts und 80 Prozent des Welthandels. Allerdings wirft die Tatsache, dass nur zehn Prozent der Staatengemeinschaft repräsentiert sind, immer wieder die Frage auf, ob ihre Beschlüsse auch legitim sind. So weisen viele Staaten darauf hin, dass die UN mit ihren 192 Mitgliedsstaaten (»G192«) einen inklusiveren Rahmen für Diskussionen bietet und auch mit dem entsprechenden Mandat dafür ausgestattet sei. Die Kritik an der mangelnden Inklusivität der G20 als wichtiges Entscheidungsgremium geht mit der Befürchtung eines relativen Macht- und Einflussverlustes der Nicht-G20-Staten bei der internationalen Diskussion und Entscheidungsfindung einher.

Klar ist, dass die G20 nicht die Vereinten Nationen ersetzen soll. Daher wäre es auch falsch, die gleichen Kriterien von Legitimität und Repräsentativität anzulegen. Eine umfangreiche Erweiterung der G20 würde nicht nur deren Effizienz und Konsensfähigkeit beeinträchtigen, sondern langfristig die UN schwächen. Alternativ zu einer umfangreichen Erweiterung muss daher die G20 durch Outreach-Formate verschiedene Akteure, wie beispielsweise die UN, andere Staaten, die Zivilgesellschaft und die Wirtschaft, stärker einbinden, um eine größere Legitimität und Akzeptanz zu gewinnen. Hier ist positiv zu vermerken, dass die G20 zunehmend den Dialog mit der UN, der Zivilgesellschaft und den Entwicklungsländern sucht. Dies geschieht etwa über die Einladung von Regionalorganisationen wie der Afrikanischen Union (AU) zu den Gipfeltreffen und durch Beratungsprozesse von einzelnen Mitgliedern mit ihren Nachbarstaaten. Weiterhin ist es die Regel geworden, Gaststaaten zu den G20-Gipfeln einzuladen und Outreach-Veranstaltungen mit NGOs und der Wirtschaft durchzuführen.

4. Die G20-Entwicklungsagenda

Der politische Mehrwert der G20 in verschiedenen Politikbereichen lässt sich sehr gut am Beispiel der Entwicklungspolitik darstellen, in deren Rahmen sich das Forum innerhalb einer kurzen Zeit als ein relevantes *Global-Governance*-Gremium etablieren konnte. Bislang ist es kaum bekannt, dass sich die G20 auch dieses Politikfeldes angenommen hat, da das Thema in der Regel bei den medial intensiv verfolgten Gipfeln von den Wirtschafts- und Finanzthemen in den Hintergrund gedrängt wird. Seit mittlerweile zwei Jahren beschäftigt sich allerdings die G20 mit Entwicklungspolitik im Rahmen der G20 »Development Working Group«. Auf dem G20-Gipfel in Seoul 2010 wurde der bis dato von Finanz- und Wirtschaftsfragen dominierte Themenbereich der G20 um den Bereich Entwicklung erweitert. So wurde eine G20-Entwicklungsagenda (»Seoul Consensus for Shared Growth«) und der dazugehörige »Multi-Year Action Plan on Development« verabschiedet, der mit Blick auf die notwendigen Entwicklungsschritte in Entwicklungsländern konkrete Maßnahmen für strukturelle Handlungsfelder wie Infrastruktur, Privatinvestitionen, berufliche Qualifizierung und Ernährungssicherheit vorsieht. Im Zentrum der G20-Entwicklungsagenda steht dabei nicht die Mobilisierung von staatlichen Entwicklungsleistungen, sondern ein breites Spektrum an Themen, das die weltwirtschaftlichen Rahmenbedingungen von Entwicklung gestaltet. Langfristige Entwicklungsfragen wie das Erreichen der Millennium-Entwicklungsziele, die Steigerung der landwirtschaftlichen Produktion und der Aufbau einer nachhaltigen Infrastruktur in den Entwicklungsländern wurden deshalb auf die G20-Agenda gesetzt, weil sie einen wichtigen Beitrag zur Lösung der globalen Ungleichgewichte darstellen. Mit der Entwicklungsagenda wollte die G20 ein Zeichen dafür setzen, dass nachhaltiges und ausbalanciertes globales Wirtschaftswachstum ohne entwicklungspolitische Maßnahmen und ohne eine Einbeziehung der Entwicklungsländer in die wirtschaftspolitischen Bemühungen der G20 nicht möglich ist und es der G20 nicht nur um kurzfristige Wachstumsimpulse, sondern um eine langfristige Dimension der globalen Wirtschaftsentwicklung geht.

Auch wenn der »Seoul-Consensus« wegen seiner wirtschaftlichen Akzentsetzung von verschiedenen Seiten als ein Rückfall zum sog. »Washington-Consensus« kritisiert wurde[1], stellt er einen großen Fortschritt im Bereich der Entwicklungspolitik dar. So bietet der Fokus der G20, ein Rahmenwerk für Wachstum zu erarbeiten, die Chance, den Fokus über die staatliche Entwicklungsunterstützung hinaus auf Entwicklungseffektivität als Ganzes zu lenken. Weiterhin liegt der G20-Entwicklungsagenda nicht ein einheitliches Leitbild auf Grundlage westlich geprägter Werte und Normen, sondern die spezifische wirtschaftliche und gesellschaftliche Ausgangslage einzelner Länder zugrunde. Nach langer Zeit hat sich international die Einsicht durchgesetzt, dass es keine »one size fits all«-Lösung im Bereich der Entwicklungspolitik geben kann. Es ist weiterhin ein großer Fortschritt, dass die sechs entwicklungspolitischen Prinzipien des »Seoul-Consensus« die globale Partnerschaft ebenso wie das Recht der Entwicklungsländer betonen, über ihre Entwicklung und Politik selbst zu bestimmen. Die Ergebnisse des G20-Gipfels in Los Cabos 2012 zeigen darüber hinaus, dass der entwicklungspolitische Dialog innerhalb der G20 in vielen Bereichen dazu beigetragen hat, das klassische Geber-Nehmer-Verhältnis bzw. ein »Gegenüber« von G8 und aufstrebenden Schwellenländern in Richtung eines »Miteinanders« aufzubrechen und das Verständnis einer gemeinsamen Verantwortung für global nachhaltige Entwicklung zu stärken. Dies wiederum ist eine der entscheidenden Voraussetzungen dafür, zu nachhaltigen und effizienten Lösungen weltweiter Probleme zu kommen.

5. *Ausblick und Fazit*

Die vergangenen Jahre waren für *Global Governance* eine Zeit des Übergangs. Noch ist unklar, welche Rolle die G20 auf lange Sicht in der multilateralen Architektur einnehmen wird. Aber es gibt viele Anzeichen dafür, dass das Forum in eine bedeutende Rolle als Forum der globalen Regierungsführung hineinwächst. In einer global vernetzten Welt ist ein internationales Gremium erforderlich, das alle relevanten Informationen zusammenführt, um rechtzeitig systemische und globale Risiken zu erkennen und zu bewältigen. Das Wirken der G20 ist dabei – wie am Beispiel ihres Wirkens in der Entwicklungspolitik demonstriert – als eine Chance zu sehen, dass das klassische Nord-Süd-Paradigma aufgebrochen wird und sich nach und nach das Bewusstsein einer gleichberechtigten und gemeinsamen Verantwortungsgemeinschaft für globale öffentliche Güter herausbildet, die den weltweiten wirtschafts- und entwicklungspolitischen Herausforderungen international abgestimmt begegnet. Weiterhin bietet sich angesichts des breiten Themenspektrums der G20 die Möglichkeit, die Themen Finanzpolitik, Entwicklungspolitik, Handel und Klimapolitik in ihrer wechselseitigen Verschränkung und Beeinflussung anzugehen. Wichtig für ihre eigene Legitimität und Zukunft wird es insbesondere sein, dass die G20 auf Dauer effektive Impulse für multilaterale Verhandlungen und einen Beitrag zur Lösung globaler Probleme in diesen Bereichen leistet. In diesem Zusammenhang bleibt zu wünschen, dass die G20 beispielsweise im Nachklang zum Rio+20-Gipfel neue Akzente setzt, die nachhaltige Entwicklung stärker als bisher vorantreibt und sich weiterer drängender globaler Herausforderungen annimmt. Insbesondere den Klimaverhandlungen sollten durch die Einrichtung einer G20-Arbeitsgruppe »Klimapolitik« ein verstärkter Input verliehen werden. Nach jahrelangen erfolglosen Verhandlungen im Rahmen der UNFCCC ist es an der Zeit, nach alternativen Verhandlungsformaten zu suchen. Das facettenreiche Problem des Klimawandels, das eine Vielzahl von weit über die klassische Umweltpolitik hinausweisende Politikfelder wie die globale Gerechtigkeit, das Verhältnis von Nord und Süd, die Rolle der aufstrebenden Schwellenländer, internationaler Handel, Energiepolitik sowie Agrar-, Verkehrs- und Technologiepolitik betrifft, kann kaum durch einen im Konsens von knapp 200 Staaten zu verabschiedenden völkerrechtlichen Vertrag gelöst werden. Dies erscheint auch nach den letzten UN-Klimakonferenzen weiterhin relativ unrealistisch. Realistischer erscheint es, dass die 20 größten Industrie- und Schwellenländer, die zugleich für ca. 84 % der Treibhausgasemissionen fossiler Energieträger verantwortlich sind, sich untereinander auf konkrete Maßnahmen und Initiativen einigen. Zwar würden auch in der G20 die Interessengegensätze zwischen Industrie- und Schwellenländern zunächst weiterbestehen, aber in einem Rahmen ausgetragen werden können, der geringere Konsenspflichten als die UNFCCC vorsieht und die Chance bietet, eine gemeinsame Verantwortungsgemeinschaft herauszubilden und aufgrund der geringeren Anzahl der Teilnehmer zu mehr Kompromissen zu gelangen. Auch die drängenden Fragen der Finanzierung von Klimaschutzmaßnahmen könnten im Rahmen der G20, in der der klassische Nord-Süd-Geber-Nehmer-Diskurs überwunden ist und auch der größer werdende Reichtum und die Währungsreserven der Schwellenländer berücksichtigt werden, effektiv angegangen werden. Die G20-Mitglieder wären angesichts des großen Handlungsdrucks bei der Klimaerwärmung gut beraten, diese Initiative voranzubringen und die G20-Themen um das Thema Klimapolitik zu ergänzen.

Anmerkung

[1] Vgl. Peter Wahl, Potential and Limits of the G20 for Reforming the World Economy towards Sustainable Development, Berlin 2011, S. 11.

Nadine M. Schöneck

Zeitpolitik

Doch, doch, es gibt sie auch in der Gegenwartsgesellschaft: Menschen, die kein »Zeitproblem« haben und mit der ihnen zur Verfügung stehenden Zeit gut klarkommen; Menschen, die sich dagegen verwehren, von einer dem subjektiven Wohlbefinden abträglichen Erosion der Grenzen zwischen »Arbeit« und »Leben« zu sprechen, weil Arbeit schließlich ein (im Idealfall: bereichernder) Teil des Lebens sei; Menschen, die als *Zeitpioniere* (Hörnig et al.) dem hohen Alltagstempo den Kampf ansagen und die Insignien eines im konventionellen Sinn erfolgreichen Lebens – angesehener Job, voller Terminkalender, dicke Brieftasche – bewusst eintauschen für eine Drosselung des Tempos aus freien Stücken, für mehr Zeitsouveränität.

Dem Zeitgeist scheinen jedoch Gegenbeispiele mehr zu entsprechen. Sowohl im akademischen als auch im gesellschaftlichen Diskurs dominieren Diagnosen, die insbesondere für Menschen, die sich in der *rush hour of life* befinden, ein problematisches Verhältnis zur Zeit beschreiben: Menschen, die an einer chronischen *Angina temporis* erkrankt sind und denen aufgrund multipler Inklusionen (Erwerbstätigkeit, Familie, private Interessen, bürgerschaftliches Engagement etc.) permanent die Zeit knapp wird; Menschen, die feststellen müssen, dass sich das Bemühen, dem *Optionen-Overkill* mittels intelligenter Zeitallokationstechniken beizukommen, als ungeeignet erweist, Konflikte im Umgang mit der Zeit nachhaltig zu lösen. Ganz im Gegenteil: Wer gut darin ist, Zeit maximal zu verdichten und das Optimum aus der ihm zur Verfügung stehenden Zeit herauszuholen, bringt das Hamsterrad, in dem er rennt, nur noch mehr in Schwung.

Während Erstgenannte zumindest im Hinblick auf ihren privaten Zeithaushalt keinen Bedarf an politischer Intervention erwarten lassen, sind chronisch Zeitknappe, von denen es, wie gesagt, recht viele gibt, die Zielgruppe einer aktiven Politik für Zeit, einer *Zeitpolitik* also.

Bevor ich auf zentrale zeitpolitische Forderungen zu sprechen komme, möchte ich in gebotener Kürze vier von mir auf empirischem Weg ermittelte Typen des Zeiterlebens und Zeithandels Erwerbstätiger skizzieren (Schöneck). Einer dieser vier Zeittypen, der reflektierende Zeitgestresste, bestätigt die von Hartmut Rosa vertretene These der Beschleunigung des empfundenen Lebenstempos; die drei anderen Zeittypen hingegen haben – mehr oder weniger bewusst – Formen des Copings mit dem »Zeitproblem« entwickelt.

Der *reflektierende Zeitgestresste* lässt ein ausgesprochen hohes berufliches Engagement erkennen, das eine von ihm als belastend empfundene Entgrenzung von Berufs- und Privatleben nach sich zieht. Er praktiziert einen konsequenten Bedürfnis- und Belohnungsaufschub, und diese starke Zukunftsorientierung vermag auch seinen beruflichen Erfolg zu erklären – dieser wiederum bestärkt ihn in seinem rationalen Umgang mit Zeit. Sein respektables Standing in der Leistungsgesellschaft hat seinen Preis: Ruhelosigkeit und ein ausgeprägtes Leiden am zutiefst internalisierten Zeitnutzungsimperativ. Oftmals wünscht sich der reflektierende Zeitgestresste, mehr in der Jetztzeit zu leben oder, wie es eine Vertreterin dieses Zeittypus formulierte, »einfach zu stoffwechseln«.

Der *egozentrische Zeitsensible* weist eine ambivalente Haltung zur Zeit auf: Auf der einen Seite bedrückt ihn vor allem das Phänomen rasch vergehender Zeit, wobei Älterwerden ihn ganz besonders ängstigt (und er daher wehmütig in seine Vergangenheit blickt); auf der anderen Seite schützt er seine Zeit, indem er sich so oft wie möglich aus zeitbeanspruchenden sozialen Verbindlichkeiten löst, indem er in seiner Freizeit beispielsweise nicht ans Telefon geht, wenn es klingelt. Auf diese Weise verfügt er – keineswegs frei von Gewissensbissen (O-Ton: »Ich weiß, das ist nicht ganz nett von mir.«) – objektiv betrachtet über vergleichsweise viel frei disponible Zeit.

Der *zufriedene Zeitstrategielose* trennt deutlich zwischen Berufs- und Privatleben, spult sein Wirken in beiden Sphären tagein tagaus routiniert ab, entscheidet und handelt gegenwartsorientiert und lehnt jegliche Reflexion über den (potentiell) konfliktären Charakter der Zeit ab – ein Repräsentant dieses Zeittypus beschrieb es so: »Der Tag hat nun einmal 24 Stunden. Da brauche ich nicht darüber nachzudenken, wie es wäre, wenn er noch zwei Stunden mehr hätte. Punkt.« Trotz – oder vielleicht gerade wegen? – seiner weitgehenden Strategielosigkeit ist er in hohem Maß mit sich und seinem Leben zufrieden.

Der *robuste Zeitpragmatiker* geht souverän – das heißt: wahrlich robust und pragmatisch – mit Zeit um. Dies mag unter anderem daran liegen, dass auch er, wie der zufriedene Zeitstrategielose, eine deutliche Trennung zwischen Berufs- und Privatleben vollzieht. Von diesem unterscheidet ihn jedoch eine auffallende Flexibilität in Bezug auf die Gegenwart und ihren zeitlichen Erfordernissen: »Erstens kommt es anders und zweitens als man denkt. Aber man muss schon wissen, was man will.« Zeit begreift der robuste Zeitpragmatiker als eine kostbare Ressource (ja: wie Geld!), mit der klug umzugehen ist; Zeitmanagement ist für ihn eine basale Lebenstechnik.

Welches sind bei diesen vier Typen des Zeiterlebens und Zeithandels die wesentlichen Problembereiche, an die eine *Zeitpolitik* anknüpfen kann? Es sind handlungsprägende soziale Strukturen, die den beiden erstgenannten Zeittypen zu schaffen machen: (1) Gesellschaftliche Anerkennungsmodi unterbinden eine Kurskorrektur des reflektierenden Zeitgestressten; er rennt im Hamsterrad, und bremst er ab, droht er herauszufallen. (2) Ein immer noch beobachtbares Akzeptanzdefizit von *Eigenzeiten* (Nowotny) führt dazu, dass der egozentrische Zeitsensible kein anderes Mittel weiß, als sich schlechten Gewissens aus dem Zeittrubel auszuklinken. (3) Gegen die Unbekümmertheit des zufriedenen Zeitstrategielosen ist möglicherweise kein Kraut gewachsen; zudem gilt, dass die Politik nicht in jeden Bereich privater Lebensführung, zu der auch der (zumal subjektiv zufriedenstellende) Umgang mit Zeit zählt, eingreifen muss. (4) Der robuste Zeitpragmatiker hingegen weist einen Ansatz zur Intervention auf: die nur bedingt zulässige Gleichsetzung von Zeit mit Geld.

Vor dem Hintergrund dieses zeitthematischen Problemportfolios trage ich in enger Anlehnung an einen programmatischen Beitrag von Ulrich Mückenberger zentrale zeitpolitische Forderungen vor:

1. Das gesellschaftliche Leitbild der Vereinbarkeit von Beruf und Familie muss weiter gestärkt werden. Die Einführung des Elterngeldes sowie die in Angriff genommene Ausweitung der Kinderbetreuung und Ganztagsschulen sind wichtige Schritte in die richtige Richtung, doch eine umfassendere Umgestaltung des Arbeitsrechts mit dem Ziel wirklich familiengerechter Arbeitszeiten steht noch aus.
2. Optionale Zeitgestaltungen zugunsten Beschäftigter müssen die gleiche Legitimität genießen wie flexible Arbeitszeiten für die Unternehmen. Bislang liegt hier ein Ungleichgewicht vor: Unternehmen profitieren von flexiblen Arbeitszeiten, die ihnen einen effizienten Einsatz des Humankapitals erlauben, während die Zeitgestaltungsmöglichkeiten der Beschäftigten vergleichsweise eng begrenzt sind, indem sie sich betriebswirtschaftlichen Erfordernissen unterordnen müssen.
3. Beschäftigte müssen die Gelegenheit erhalten, mehr Zeitanteile der Erwerbsarbeit für andere gesellschaftliche Zwecke (wie Bildung, Gesundheit, Elternschaft, Ehrenamt) umwidmen zu können. Die Wahrnehmung solcher Optionsrechte kommt nicht zuletzt der Gesellschaft zugute und kann – da sie mit einer Verkürzung des Arbeitskraftangebots einhergeht – im günstigen Fall zur Reduzierung der Arbeitslosigkeit beitragen.
4. Das Schlagwort der *Flexicurity*, das für Flexibilität und Sicherheit gleichermaßen steht, muss zeitpolitisch so ausgelegt werden, dass es von einer prinzipiellen Gleichwertigkeit betrieblicher und persönlicher Zeitinteressen ausgeht.
5. Anzustreben ist die Entwicklung eines Systems zeitlicher *Ziehungsrechte*, das einerseits Beschäftigten Möglichkeiten für die zweckgebundene Freistellung von Erwerbsarbeit eröffnet und andererseits die Verteilung der damit einhergehenden Lasten regelt. Es steht außer Frage, dass ein solches System einen gesellschaftlichen Konsens über Art und Maß von Freistellungs-

rechten für gesellschaftlich anerkannte Zwecke erfordert; dabei dürfte die Lastentragung davon abhängen, welche dieser Freistellungen den Unternehmen (z. B. Bildung), welche der Allgemeinheit (z. B. Familie, Ehrenamt) und welche den Individuen (z. B. Kultur, Muße) zugutekommen und daher von den Akteuren (mit-)zutragen sind.

6. Will man – wie oftmals (und zu Recht) propagiert – das Knowhow älterer Menschen vor Entwertung schützen und ihnen die Chance eröffnen, ihre Fähigkeiten und Erfahrungen den nachfolgenden Generationen zu vermitteln, so müssen Arbeitsplätze tatsächlich altersgerecht ausgestaltet werden.
7. Notwendig sind lokale, ressortübergreifende, privat-öffentliche Aushandlungsprozesse zur Verbesserung von Dienstleistungsangeboten und -nachfragen. Die Lebensqualität von Beschäftigten wie auch von Nutzerinnen und Nutzern hängt entscheidend vom Zugang zu personenbezogenen Dienstleistungen ab.
8. Bürgerarbeit und Ehrenamt sind wesentliche Bestandteile des Sozialkapitals einer fortgeschrittenen Gesellschaft. Zu ihrer Förderung bedarf es zeitlicher, räumlicher, fachlicher und finanzieller Ressourcen. Gleichwohl darf bürgerschaftliches Engagement nicht die Beschäftigung in den Dienstleistungsbereichen gefährden oder gar ersetzen – es ist als ein Zusatzangebot zu verstehen, das zur Verbesserung des gesellschaftlichen Zusammenlebens beiträgt.
9. Um zeitpolitische Ziele zu verwirklichen, ist die individuelle Zeitkompetenz der Menschen zu stärken. Eine Fokussierung auf rationale Zeitverwendungsformen gefährdet das persönliche Wohlergehen – und schließlich auch den gesellschaftlichen Zusammenhalt. Hier ist ein grundlegendes Umdenken vonnöten: Wir brauchen eine Kultur, die Zeiten der Ruhe, der Entspannung, der funktionsfreien Kommunikation, der Gemeinsamkeit und der Sinnorientierung ermöglicht.
10. Und schließlich: Sowohl auf gesellschaftlicher Ebene in Deutschland als auch auf europäischer Ebene ist ein *zeitpolitisches Monitoring* wünschenswert, das systematisch dem Verhältnis von zeitlichen Angeboten und Nachfragen nachgeht,

Konflikte identifiziert und deren Austragung moderiert sowie normative Vorschläge zur Zeitpolitik unterbreitet.

Zweifellos trägt der Einzelne eine nennenswerte Mitverantwortung im Hinblick auf seinen individuellen *Zeitwohlstand*, und gewiss tragen Phänomene wie etwa das derzeit vieldiskutierte »Burnout-Syndrom« zur Sensibilisierung für die Zeitproblematik bei – doch zu einem echten Wandel kollektiver Mentalitäten und vor allem auch struktureller Lebensbedingungen bedarf es der Politik, und das entsprechende Politikfeld lautet *Zeitpolitik*.

Übrigens: Für Raum und für Geld gibt es längst politisch Verantwortliche. Zeit dagegen wurde viel zu lange als schwer fassbare Größe angesehen, die nicht gestaltet werden kann (oder soll).

Christian Schüle

Wertschöpfung als Grundlage eines neuen Gesellschaftsvertrags

Die letzten Jahre lehren den Zeitgenossen neben Demut auch die vielfältigen Variationen des Begriffs »Krise« zu erkennen. Alles, so scheint es, befindet sich dieser Tage in der Krise, die nicht nur eine praktisch spürbare, sondern vor allem eine geistige, intellektuelle ist, eine Begründungs- und Legitimationskrise: Was ist Europa? Wie geht partizipative Demokratie? Wie verstehen wir Solidarität? Wie dekliniert sich soziale Gerechtigkeit morgen? Wie ist das zukunftsfähige Verhältnis von Individuum und Gemeinschaft beschaffen?

Der öffentliche Diskurs über Werte und Grundlagen der Gesellschaft ist gekennzeichnet durch Ohnmachtsgefühle und Statusängste. Politische Entscheidungsvorgänge werden oft als kaum oder gar nicht transparent wahrgenommen, was bei den Bürgern ein Gefühl der Exklusion hervorruft. Die fehlende Identifikation der Regierten mit den Regierenden ist das Gegenteil dessen, was politische Theoretiker als Wesenskern des Demokratischen ausgemacht haben. Kann, soll, muss sich das ändern?

Es soll und muss. Ob es kann und wie dies gelingt, steht auf einem anderen, dem Blatt einer Revision gesellschaftlicher Grundlagen. Um in der anbrechenden Epoche digitaler Transparenz und sich revolutionierenden Kommunikationsformen die *res publica* substantiell weiterzuentwickeln, bedarf es einer neuen Selbstverhandlung der Gesellschaft über allgemeingültige Normen. Zu suchen ist ein zukunftsfähiger Grundkonsens jener *res publica* – der Sache, die uns alle angeht –, ein Konsens mithin, der auf ökologische Nachhaltigkeit als wertschöpfendem Handeln abzielt und individuelle Verantwortungsfähigkeit des Einzelnen in der konstruktiven Teilnahme am sozialen und politischen Diskurs maßgeblich fördert.

Wenn die Beobachtung richtig ist, dass sich die großen, stabilisierenden Institutionen der Bundesrepublik in der Legitimationskrise befinden, dass bisherige Sicherheiten und Wahrnehmungsmuster sich aufzulösen beginnen und lange bestehende Denkmodelle ihre Gültigkeit verloren haben, dann lautet die große Frage: Was hält die Gesellschaft künftig im Innersten zusammen? Damit jeder Einzelne theoretisch wie praktisch Verantwortung für das Gesamte übernimmt und sich somit als führungsfähig erweist, sind wesentliche Veränderungen unabdingbar. Kaum ein Weg führt meines Erachtens an der Konstruktion eines neuen Gesellschaftsvertrags vorbei, dessen Leitbegriffe Partizipation, Gemeinwohlstand und Wertschöpfung sein könnten.

Die Blaupause eines neuen Vertrags der Gesellschaft mit sich wäre eine *Ethik der Wertschöpfung* für kulturelle und soziale Verfahren zu einem neuen Wohlstandsmodell und einem veränderten Wachstumsbegriff. *Wertschöpfung* ist das Hervorbringen, Herstellen und Durchführen von Wert in Zeit. Wert haben Wohlstand und Wachstum dann, wenn sie dem Gemeinwohl dienen, ohne das Individualwohl einzuschränken. Durch Wertschöpfung als »Wert in Zeit« wird ein neuer Begriff von Wachstum denkbar, der jenseits des Prinzips der Abschöpfung liegt. Abschöpfung ist das Regime kurzfristiger Gewinne im Einzugsbereich einer Logik der Entgrenzung; Wertschöpfung dagegen bezieht sich auf verallgemeinerbare Werte und normative Verabredungen. Es bindet Denken und Handeln rück an reale Güter, an Voraussetzungen und Konsequenzen ihrer Entstehung. Der skizzierte Begriff der Wertschöpfung impliziert also immer schon die Rückbindung an gemeinschaftliche Verantwortung und verbindliche Teilnahme am Prozess der gemeinsam entworfenen Statik eines Wertesystems, und zwar durch Beteiligung möglichst aller Teilnehmer der *res publica*.

Durch Rückbindung in der Dauer vollzieht sich eine Wertverlagerung, die zugleich Sinnverlagerung ist. Man könnte in den Maximen einer *Ethik der Wertschöpfung* den Nukleus einer bürgerschaftlich orientierten Demokratie erkennen, deren Priorität jenseits der bisherigen Abhängigkeit von steigerbarem Wachstum neue Leitlinien entwickelt – zumal dann, wenn, wie die akademische Glücksforschung unwiderlegt nachweist, die Häufung von Geld den Menschen nicht glücklicher macht. Ein Konzept, das allein auf abschöpfungsökonomischer Definition von Sein, Leben und Wohlstand beruht, wird auf Dauer scheitern.

Eine *Ethik der Wertschöpfung* zielt auf etwas anderes: Wertschöpfung unter der Voraussetzung einer Rückbindung an natürliche Ressourcen ist als schöpferisches Hervorbringen von Wert in Zeit im besten Sinne wertebildend. Beispiele für einen wertschöpfenden und wertebildenden Gemeinwohlstand sind etwa mikrosoziale Kreisläufe, in denen Produkte an die sozialen wie ökologischen Kosten ihrer Produktionsbedingungen rückgekoppelt sind. Das heißt: Wachstum ist nicht länger verselbständigt, sondern besitzt innerhalb des Systems eine, wie Wirtschaftswissenschaftler sagen, »endogene Dynamik« – will heißen: eine Produktivitätssteigerung aus dem System selbst heraus, die eine Balance zwischen Gütergebrauch und Ressourcenverbrauch hält. Die Gratifikation einer solchen Wertschöpfungsethik könnte in Zeit und Autonomie liegen; das Mittel zur Generierung von Wohlstand bestünde nicht länger aus der Akkumulation von Schulden zum Zweck künstlicher Wachstumsimpulse; das Selbstverständnis von Staat und Gesellschaft basierte nicht länger auf der absoluten Abhängigkeit von unbedingtem und komparativem Wachstum. All das, versteht sich, geschähe im Rahmen einer Sozialen Marktwirtschaft, die das Problem der Klima- und Erderwärmung – die fatale Verkopplung von Wirtschaftswachstum und Emissionsausstoß – grundlegend zu berücksichtigen hat.

Eine *Ethik der Wertschöpfung* im Sinne eines neuen Gesellschaftsvertrags kalkuliert die Folgen des je eigenen Handelns verantwortungsfähiger Individuen mit ein, um eigenen Nutzen und Schaden für andere abzuwägen. Nachhaltigkeit durch Rückbindung begreift Verantwortung im Sinne eines Haushalts, in dem nur »verbraucht« wird, was sich in gleichem Maße regenerieren lässt. Nicht länger wird Wohlstand auf diese Weise durch Abschöpfungs-Regime definiert (Wert hat, was zähl- und steigerbar ist), sondern durch ein Gemeinwohl-Regime, in dem Wohlstand als »Gemeinwohl-Stand« begriffen wird.

Durch Rückgebundenheit an ökologische und soziale Entstehungsbedingungen wird *Kapital* also anders definiert: nicht mehr im Sinne einer Investition mit dem Wechsel auf Rendite, sondern als soziales Kapital im Sinne einer Investition ins Gemeinwohl. Man könnte sagen: als Kredit im Sinne von Vertrauen und Glaubwürdigkeit durch langfristige Bindung und Betrachtung der Mitarbeiter als würdevolle Wesen, wie dies die katholische Sozialethik vorgeschlagen hat.

Zwei konkrete Vorschläge mögen skizzieren, was unter einer *Ethik der Wertschöpfung* praktisch zu verstehen sein könnte:

1. Gemeinwohlversicherungspflicht des produzierenden Gewerbes

Jedes Gewerbe sollte, analog zur Sozialversicherungspflicht der Bürger, gemeinwohlpflichtig werden. Wer Gewerbesteuer zahlt, schließt automatisch eine Art Rückbindungsvertrag ab und wird dadurch gemeinwohlindiziert. Als Grundlage dient eine für jedermann einsehbare Bewertungsskala nach GWI-Punkten. Das Unternehmen bände sich damit rück an die Gemeinschaft, aus deren Mitte heraus es agiert. Für den Umbau bedarf es der Mithilfe von Betrieben und Unternehmen.

Eine Gemeinwohlversicherungspflicht könnte zum Beispiel darin bestehen, dass Unternehmen als klassische *Firma* (als etwas im Sinne des Wortes »Firma« *Dauerhaftes* also), *per firmare*, mit einer *verbindlichen Unterschrift* für alles Kommende, dem Standort langfristig Treue versichern und einen mikrosozialen Kreislauf zu etablieren helfen, der, trotz aller Unsicherheit und Entgrenzung im weltwirtschaftlichen Arbeitsprozess, Arbeitnehmern, Bürgern und Lokalpolitikern Verlässlichkeit *schuldet*.

Wenn jedes regional ansässige Unternehmen eine *Charta des Gemeinwohls der Republik* unterzeichnen und sich damit ein Gemeinwohl-Gütesiegel sichern würde, ein Siegel, das für Wertschöpfungs- und Beteiligungsgerechtigkeit bürgt, hinge das künftige Prestige des Unternehmens maßgeblich von seiner Gemeinwohlloyalität ab.

2. Mikrosoziale Kreisläufe

Die Mechanismen makrosozialer Kreisläufe, welche die globalisierte Weltwirtschaft über Kontinente hinweg etabliert hat, könnten genauso gut auf mikrosoziale Verhältnisse übertragen werden. Beispielsweise leben in den Metropolen Hamburg, Berlin, München und Köln hervorragende Modedesigner unterschiedlicher ethnischer Herkunft, doch produziert wird am Ort selbst so gut wie nichts. In jeder dieser Städte (und in hunderten kleinerer) leben zudem tausende von türkischen oder pakistanischen, rumänischen oder deutschen Frauen, die hervorragend nähen und schneidern können. Wenn sich Designer und Designerinnen, Näher und Näherinnen, Stoffproduzenten, Qualitätsprüfer, Vertriebstechniker und Betriebswirtschaftler zusammenschließen, könnten sie innerhalb eines Distrikts ihrer Stadt einen produkt- und wertschöpfenden Kreislauf der Textilökonomie kreieren. Nichts müsste aus dem Distrikt ausgelagert werden. Innerhalb des Gebäudekomplexes wären ebenso Obst- und Gemüsehändlern, Bäcker, Fleischer, kleine Supermärkte, Küchen oder Basare angesiedelt. Lässt man Menschen nach Eigentum, Gewinnstreben und Selbstverantwortung arbeiten, steigt die Motivation, und es entsteht durch unsichtbare Hand geleitet ein mikrosozialer Markt, in dem jeder auf den anderen angewiesen ist. So könnten, durch staatliche Kredite angeschoben, über mehrere Etagen in einem Gebäude Hunderte von Arbeitsplätzen entstehen. Ausgehend von anschwellenden Migrationsströmen in naher und mittlerer Zukunft wären kreative Distrikt-Kreisläufe das Abbild einer kosmopolitischen Mischung deutschsprachiger Bürger der Bundesrepublik, die in Eigenverantwortung ihre Geschäfte führen. Eigenverantwortung, das ist sozialpsychologisch unumstritten, stärkt soziale Gesinnung und motiviert Engagement. So würde der Staat durch mikrosoziale Kreisläufe statt Arbeitslosigkeit neue Arbeit finanzieren und das Gemeinwohl distriktweise stärken und auf diesem Weg Geborgenheitsräume schaffen, nach denen, gerade in den Großstädten, viele Menschen suchen – Geborgenheitsräume, in denen der sich Engagierende soziale Anerkennung erfährt, was wiederum seine Engagementbereitschaft für den anderen und also das Ganze fördert. In ökonomisch organisierten Geborgenheitsräumen verschmelzen so Individual- und Gemeinwohl idealerweise zu einem solidarischen Gemeinwohlstand.

Caroline Waldeck

Wirtschaft, Werte und der Wunsch, kein Rädchen im Getriebe zu sein

Zu den am häufigsten bemühten Bonmots der Krisenrhetorik gehört Max Frischs Bemerkung, Krise sei ein produktiver Zustand, man müsse ihr nur den Beigeschmack der Katastrophe nehmen. Die mittlerweile zur Banken-Finanzmarkt-Schulden-Euro-Kapitalismus-Verantwortungs-Vertrauens-Systemkrise angeschwollene Misere hat dieses Produktivitätsversprechen bisher nicht eingelöst, und das liegt ganz gewiss nicht daran, dass es uns nicht gelungen wäre, ihr den Beigeschmack der Katastrophe zu nehmen. Zumindest in Deutschland gilt: Wir sind noch einmal davongekommen. Rezession, Massenarbeitslosigkeit, soziale Unruhen sind ausgeblieben, und die immer wiederkehrenden Empörungswellen angesichts entfesselter Finanzmärkte, skrupelloser Boni-Banker, milliardenschwerer Rettungsschirme und einer vielfach beklagten kapitalistischen Diktatur des Profits laufen glücklicherweise allesamt sacht aus am breiten Diskursstrand unserer Demokratie. Folgenlos und darum unproduktiv bleibt die Empörung, weil sie – ganz nach dem Motto »Wir zahlen nicht für eure Krise!« – von erstaunlicher moralischer Selbstgefälligkeit begleitet wird. Diese Krise war immer schon die Krise der anderen: der Banken, der Politiker, der Kapitalisten, der Habgierigen, der Märkte und natürlich des Systems. Das ist ein fataler Irrtum.

Die schlichte Wahrheit lautet: Diese Krise ist unsere Krise. Wir befeuern die Märkte, die wir als »Monster« dämonisieren, als Konsumenten, als Angestellte und als Geldanleger. Die Märkte sind keine fernen Dämonen oder Götter. Die Märkte, das sind wir: als preisbewusste Käufer von H&M-Klamotten und Lidl-lohnt-sich-Sonderangeboten, als vorausschauende Riester-Sparer mit Aktiensparplan für die Rente und als »Unterm-Strich-zähl-ich«-Geldanleger auf der Suche nach der besten Verzinsung, als »Ich-bin-doch-nichtblöd«-Schnäppchenjäger im Internet und als »Wohnst-Du-noch-oder-lebst-Du-schon«-Optimierer des eigenen Lebensentwurfs, als »Weil-ich-es-mir-wert-bin«-Verbesserer des eigenen Erscheinungsbilds und als »Vorsprung-durch-Technik«-Jünger in sehnlicher Erwartung der nächsten Automobil-, iPhone- oder Flachbildschirmfernsehergeneration. Gleichzeitig unterwerfen wir uns als Angestellte, als Unternehmer, als Dienstleister genau den Bedingungen, die wir beklagen – sei es aus Angst um den Arbeitsplatz oder um den nächsten Auftrag, sei es in der Hoffnung auf die nächste Beförderung oder Gehaltserhöhung, sei es zur Vermeidung von Wettbewerbsnachteilen, die auf Dauer das eigene Überleben am Markt kosten können. Wir sind die Rädchen im Getriebe des von uns kritisierten Systems, das auch deshalb so geschmiert läuft, weil wir in unserem Ohnmachtsgefühl der Illusion erliegen, die Verantwortung für die Folgen unseres Handelns an andere delegieren zu können, an diejenigen nämlich, die uns die Rahmenbedingungen unseres Handelns diktieren.

So entsteht aus einer Verkettung individueller Verantwortungsverweigerung ein System der Verantwortungsdelegation, in dem Verantwortung auf die nächste Ebene verlagert und bis nach oben durchgereicht wird, bis sie schließlich unter großem Getöse und begleitet von medialer Skandalisierung und gutmenschelnder Erregung dort ankommt, wo man gemeinhin Macht und Zuständigkeit vermutet: bei den Führungseliten in Politik und Wirtschaft, die allerdings ihrerseits genauso auf das Diktat der Sachzwänge verweisen können wie die von ihnen Regierten und Geführten. Vorstandsvorsitzende beugen sich dem Wettbewerbsdruck und den Erwartungen ihrer Aktionäre, um Gewinne und damit auch Arbeitsplätze zu sichern. Politiker erfahren angesichts der begrenzten Möglichkeiten staatlicher Regulierung im Zeitalter der Globalisierung die Beschränktheit ihrer Gestaltungskraft. Am Ende der Verantwortungsdelegationskette stehen deshalb anonyme Kräfte, die mittlerweile nicht nur von kapitalismuskritischen Gruppen und ihren Sympathisanten, sondern auch von den an ihrer eigenen Ohnmacht verzweifelnden Protagonisten der Krisenbekämpfung an den medialen Pranger gestellt werden: Man dämonisiert die Märkte als Monster und kann sich damit zumindest des öffentlichen Beifalls sicher sein.

Doch mit dem Verweis auf die Märkte landet die Verantwortung wieder bei denen, die sie empört von sich gewiesen haben: bei uns selbst, die wir – falls wir uns entschließen, dieser Verantwortung entsprechend unser Handeln zu ändern – zur Kenntnis nehmen müssen, dass einzelne Handlungen aus moralischer Motivation heraus nur uns selbst, aber nicht die Welt besser machen, solange die Rahmenbedingungen verantwortliches Verhalten nicht zur allgemeinen Regel erheben. Verantwortung wird damit für den einzelnen zur Verantwortungszumutung, was vielfach zu Resignation und damit zu Verantwortungsverweigerung führt. Darin liegt ein Stück Tragik der modernen Gesellschaft: Sie zwingt uns einerseits, den Radius unserer Verantwortung immer weiter zu ziehen, weil das, was wir in Castrop-Rauxel und Hinterviechtach tun, Auswirkungen auf Fabrikarbeiterinnen in China und Plantagenbauern in Indien haben kann. Gleichzeitig aber verschärft der globale Wettbewerb die Diktatur der Sachzwänge, die Verantwortungsfähigkeit einschränkt und damit Verantwortungsbereitschaft untergräbt. Die entscheidende Frage ist deshalb: Welchen Einfluss haben Menschen auf die Rahmenbedingungen ihres eigenen Handelns und damit auf die vermeintlichen Sachzwänge und anonymen Kräfte der Märkte, denen sie sich ausgeliefert fühlen und die ethisch unverantwortliches Handeln häufig als alternativlos erscheinen lassen?

Diese Einflussmöglichkeiten sind begrenzt, und das ist möglicherweise ein Grund dafür, dass die gegenwärtige Krise bisher so wenig selbstheilende Innovationskräfte freigesetzt hat. Wer beispielsweise den Beruf des Bankberaters gewählt hat, um anderen Menschen bei der Wahl eines auf ihre Bedürfnisse zugeschnittenen Anlagekonzepts behilflich zu sein, gerät zwangsläufig in ethische Konflikte, bei denen der eigene Idealismus früher oder später zu Grabe getragen wird. Denn nicht die dauerhafte Zufriedenheit der Kunden, sondern die Zahl der abgeschlossenen Verträge ist in vielen Banken Maßstab des persönlichen Erfolgs, der wiederum über Verdienst- und Aufstiegschancen entscheidet. Die Unterwerfung unter fragwürdige Vertriebspraktiken sichert den Arbeitsplatz, mehrt das Einkommen und ebnet den Weg nach oben. So waren es eben auch einfache Bankangestellte, die – wenn auch vielfach unfreiwillig – die zerstörerische Kraft der Finanzmärkte befeuerten, indem sie mittellosen Geringverdienern zu Immobilienkrediten und unbedarften Rentnern zu hochriskanten Lehman-Zertifikaten verhalfen. Sie hatten die Wahl, entweder die Zielvorgaben für Umsatz und Rendite im eigenen Unternehmen zu erfüllen oder die eigene berufliche Zukunft aufs Spiel zu setzen. Der berufliche Handlungs- und Verantwortungsspielraum eines Familienvaters, der zusammen mit seiner durchschnittlich verdienenden Frau drei kleine Kinder im auf Pump finanzierten Eigenheim zu ernähren hat, schrumpft in dieser Situation aus nachvollziehbaren Gründen auf ein Minimum zusammen, und zwar nicht nur deshalb, weil moralische Sensibilität im Extremfall mit dem Verlust des Arbeitsplatzes bezahlt werden muss, sondern auch deshalb, weil dieser Preis sich nicht einmal lohnt: Die Welt wird durch moralische Vorleistungen eines Einzelnen nicht besser, denn ein Mitarbeiter oder ein Dienstleister, der sich den Sachzwängen nicht fügt, wird durch einen anderen ersetzt, der im Sinne der ihm zugewiesenen Rolle als Rädchen im Getriebe funktioniert. Moralische Vorleistungen reichen noch nicht einmal für den Märtyrerstatus.

Moral muss man sich unter Wettbewerbsbedingungen schlicht und einfach leisten können. Wenn der Preis unter den gegebenen Handlungsbedingungen zu hoch ist und der Einzelne die diesen Preis bestimmenden Bedingungen seines Handelns – vorgegebene Vertriebsziele etwa – nicht beeinflussen kann, dann hilft nur noch die moralische Bankrotterklärung: die Unterwerfung unter die Diktatur des Sachzwangs und die diesen Schritt rechtfertigende Verantwortungsdelegation nach oben. Der Einzelne gibt seine Mit-Verantwortung für die gesellschaftlichen Folgen seines Handelns ab. Er wird zum Rädchen im Getriebe. An die Schaltstellen der Macht kommen diejenigen, die am geschmeidigsten funktionieren, während diejenigen, die als ethische Bedenkenträger auffallen und durch kritisches Hinterfragen von Geschäftspraktiken Sand ins Getriebe streuen, dort bleiben, wo sie die betrieblichen Abläufe am wenigsten behindern: auf der Ebene der Erfüllungsgehilfen und Steigbügelhalter, weit weg von Führungsverantwortung und Einfluss auf strategische Entscheidungen.

Die gegenwärtige Krise ist also nicht in erster Linie deshalb eine Verantwortungskrise, weil Einzelne unverantwortlich gehandelt haben. Viel schwerer wiegt, dass die Verantwortungsfähigkeit des Einzelnen sich aufgelöst hat in einem diffusen Ohnmachtsgefühl des Nicht-anders-Könnens. Der Kern der Verantwortungskrise ist eine Verantwortungsfähigkeitskrise, und eine ihrer Ursachen ist zweifellos die Tatsache, dass in unserer Arbeitswelt systematisch nicht die Übernahme von Verantwortung belohnt wird, sondern das Delegieren von Verantwortung. Das Unbehagen, das viele Menschen angesichts gesellschaftlicher Probleme und Missstände empfinden, hat auch mit ihrem Status als jederzeit ersetzbare Erfüllungsgehilfen im Maschinenraum eines ihrer Einflussnahme entzogenen, von zahllosen anonymen Kräften angetriebenen Systems zu tun.

Menschen aber, die im schon von Max Weber beschriebenen, stahlharten Gehäuse der Hörigkeit keine Veränderungs- und Mitgestaltungsmöglichkeiten sehen, bleiben im wahrsten Sinne des Wortes teilnahmslos und damit auch unfähig zur Verantwortung. Das erklärt nebenbei bemerkt auch, warum das Engagement für eine bessere Welt bei uns als etwas gesehen wird, was zumindest für das Gros der abhängig Beschäftigten nur außerhalb ihres von Erwerbsarbeit geprägten Alltags denkbar ist. Weil so wenige Menschen das Gefühl haben, dass sie mit dem, was sie beruflich tun, zur Beseitigung gesellschaftlicher Missstände beitragen, verstehen wir gesellschaftliches Engagement als etwas unserem täglichen Tun Enthobenes: Sich engagieren heißt, dass wir, wenn wir unseren Job gemacht haben, aus unserem egoistischen Dasein heraustreten und ehrenamtlich an genau der besseren Welt arbeiten, von der wir hauptberuflich nicht zu träumen wagen. Alle Jahre wieder zeigt der Gallup Engagement Index zur emotionalen Bindung abhängig Beschäftigter an ihr Unternehmen: Im Beruf engagiert man sich nicht, man verkauft sich.

Wenn aus dieser Krise noch ein produktiver Zustand werden soll, dann reicht es nicht, sich mit Bankenregulierung, Finanztransaktionssteuern, Haushaltskonsolidierung und der Durchsetzbarkeit einer europäischen Fiskalunion zu beschäftigen – so wenig, wie es ausreicht, Menschen mit einem wohlfeilen »Empört Euch!« gegen »das System« zu mobilisieren. So unverzichtbar politische Anstrengungen für strukturelle Veränderungen einerseits und eine kritische Öffentlichkeit zur Aufdeckung von Fehlentwicklungen andererseits auch sind, um den Weg aus der Banken-, Schulden- und Eurokrise zu finden: Wege aus der Verantwortungsfähigkeitskrise, die einen fatalen Kreislauf der Verantwortungsdelegation in Schwung hält, erfordern mehr Mitsprache in der Arbeitswelt und damit Einfluss auf die Rahmenbedingungen des eigenen Handelns. Die Diktatur der Sachzwänge, die Verantwortungsdelegation zum Erfolgsprinzip erhebt und den Einzelnen zum Rädchen im Getriebe degradiert, muss abgelöst werden durch eine demokratische Kultur echter Mitbestimmung in den Unternehmen, auf dass Mitarbeiter zu Mitgestaltern der Rahmenbedingungen des eigenen Handelns werden und damit Regelverantwortung übernehmen können, die Handlungsverantwortung unter Wettbewerbsbedingungen überhaupt erst möglich macht. Wenn das Verantwortungsbewusstsein des Einzelnen Korrektiv gegen Kollateralschäden des Wettbewerbs sein soll, führt kein Weg daran vorbei, auch dort für mehr Demokratie, Transparenz und Mitsprachemöglichkeiten zu sorgen, wo bisher starre Hierarchien, Kontrolle und Führung nach Autoritätsprinzip bewirken, dass einige wenige Entscheidungen treffen, die viele andere nur umzusetzen haben.

Während sich unter Politikern mittlerweile herumgesprochen hat, dass der Bürger nicht das Problem, sondern die Lösung ist, sofern man ihm frühzeitig Partizipations- und Mitsprachemöglichkeiten einräumt, herrscht in vielen Unternehmen nach wie vor eine Führungskultur, die Beschäftigte zu bloßen Befehlsempfängern degradiert. Wörter wie *Liquid Democracy* und *E-Partizipation* gehen im öffentlichen Diskurs längst nicht mehr nur ein paar piratenpartei-affinen Nerds fehlerfrei über die Lippen, doch in der Arbeitswelt geben wir uns mit einem System der betrieblichen Mitbestimmung zufrieden, das aus dem industriellen Zeitalter stammt. Was für Kräfte ließen sich freisetzen, wenn abhängig Beschäftigte nicht nur als Mit-Arbeiter, sondern auch als Mit-Denker und Mit-Entscheider gefragt wären und an der unternehmerischen Willensbildung über diejenigen Entscheidungen mitwirken würden, deren Ergebnisse sie später umzusetzen haben!

Natürlich lässt ein Unternehmen sich nicht basisdemokratisch führen – darum geht es auch gar nicht. Es geht um unternehmensinterne Entscheidungsverfahren, die der Entwicklung nationaler Industriegesellschaften zu globalen, miteinander vernetzten Informations- und Dienstleistungsgesellschaften einerseits und den unüberschaubaren Verantwortungszusammenhängen in einer globalisierten Welt andererseits Rechnung tragen. So wie Innovationsfähigkeit Kreativitätsspielräume braucht, so braucht Verantwortungsfähigkeit Entscheidungsspielräume. Es geht darum, unternehmensinterne Entscheidungsverfahren zu entwickeln, die einen größeren Kreis von Mitarbeitern in Entscheidungen zur »Unternehmenspolitik« einbinden und Unternehmen dadurch auch im ethischen Sinne lernfähig machen. Und es geht um Transparenz, was unternehmenspolitisch relevante Informationen betrifft, denn erst Transparenz ermöglicht Verständigung über die ethische wie ökonomische Angemessenheit von Zielvorgaben, Vergütungssystemen und Geschäftspraktiken. Die Zeit dafür ist reif. Es gibt viele Unternehmen, die sich von streng hierarchischen Top-Down-Entscheidungsverfahren verabschiedet haben und ihre Mitarbeiterinnen und Mitarbeiter als Mitdenker und Mitentscheider einbinden, um Innovationen zu beschleunigen und flexibler auf ein volatiles Marktumfeld reagieren zu können. Nicht unterschätzen sollte man aber vor allem den Anspruch einer jungen Generation hochqualifizierter Frauen und Männer auf Mitsprache und selbstbestimmtes Handeln: Wir wollen keine Rädchen im Getriebe sein, und wir werden uns – dem Fachkräftemangel sei Dank! – die Freiheit nehmen, dort zu arbeiten, wo unser Idealismus, unsere Leidenschaft und unser kritischer Geist gefragt sind.

Hergen Wöbken

Eine demokratische Errungenschaft

Die Piratenpartei hat die politische Landschaft durcheinander gewirbelt. Noch wissen die etablierten Parteien nicht genau, wie sie auf den Neuankömmling reagieren sollen. Sie scheinen im Moment nur darauf zu warten, dass die Piraten Fehler machen, sich sehr schnell an das alte politische System anpassen oder scheitern. Und im Moment sieht es wirklich so aus, als lege sich die Partei durch innere Spannungen, fragwürdige Mitglieder und einen von vielen als inadäquat gesehenen politischen Umgang selbst die größten Steine in den Weg. Doch was auch immer das Schicksal der Piraten sein mag – sie haben einen immens wichtigen Gedanken in die Gesellschaft hineingetragen, der für sich allein schon einer näheren Betrachtung würdig ist, nämlich die Idee der *Liquid Democracy*. Diese Idee steht für demokratische Partizipation, die Merkmale direkter und repräsentativer Demokratie miteinander verbindet. Der Leitgedanke von *Liquid Democracy* ist, durch internetbasierte Plattformen die Restriktionen bestehender politischer Entscheidungsprozesse zu verflüssigen, indem sich die Beteiligten von Fall zu Fall selbst entscheiden, ob sie über eine Frage oder ein Thema direkt abstimmen oder ihre Stimme an jemanden weitergeben. Die delegierte Stimme kann dabei jederzeit zurückgenommen werden. Ebenso ermöglicht *Liquid Democracy* jedem, eigene Vorschläge einzubringen. Durch den Einzug der Piratenpartei in deutsche Landesparlamente dringt auch das Konzept der *Liquid Democracy* in diese Parlamente vor: Die Piraten demonstrieren ihre Partizipationsform in aller Transparenz mit allen Vor- und Nachteilen und Irritationen, so dass sich auch die etablierten Parteien damit auseinandersetzen müssen. Während Anhänger der Piratenpartei das Konzept teilweise euphorisch unterstützen, stößt es bei Gegnern auf ebenso entschiedenen Widerstand. Im Hinblick auf die neuen Möglichkeiten durch das Internet sind jedoch weder eine überschwängliche Begeisterung noch eine strikte Ablehnung fruchtbar. Hilfreich und in die Zukunft blickend ist es, gemeinsam eine politische Kultur zu entwickeln, die hilft, uns neuen Kommunikations- und Informationsformen mit Offenheit und Experimentierfreude zu nähern. Nur so können wir sie kennenlernen und verstehen.

Um welches Problem geht es im Wesentlichen? Während die Bindung an Parteien seit Jahren abnimmt, steigt das Interesse an Partizipationsmöglichkeiten. Wir wünschen uns als Bürgerinnen und Bürger mehr Teilnahme und Transparenz in demokratischen Entscheidungsprozessen, wollen umfassend über politische Prozesse informiert werden und im besten Fall unsere Vorschläge und Positionen aktiv in den Prozess einbringen. Eine hohe Partizipation schafft die beste Grundlage für einen vielfältigen und damit intelligenten Diskurs und ist damit beste Voraussetzung für eine lernfähige Demokratie. Wer allerdings tatsächlich Partizipationsmöglichkeiten erprobt, sei es in einer politischen Partei oder einer anderen Organisation, der erfährt schnell, dass ein in die Tat umgesetzter Anspruch an Teilhabe zeitintensiv und anstrengend sein kann. Dieses Dilemma möchte das Konzept der *Liquid Democracy* auflösen. Partizipation – so der Gedanke – sollte nicht frustrieren, sondern im besten Fall so einfach wie möglich praktiziert werden können und damit auch offen sein für Gruppen, die sich bisher nicht aktiv in die Politik einbringen.

Die Ursprünge von *Liquid Democracy* gehen auf Debatten innerhalb von Online-Communities zu Beginn des letzten Jahrzehnts zurück, die sich mit neuen Formen des politischen Prozesses und der Entscheidungsfindung angesichts der ausgeweiteten und bislang unerprobten Möglichkeiten des Internets beschäftigten. Die Piratenpartei, die in Deutschland 2006 gegründet wurde, unterscheidet dabei zwei Anwendungsfälle: einmal den parteiinternen Einsatz, so wie er auch in jeder anderen Organisation auf vielfältige Weise möglich ist, und zum anderen politische Arbeit als Alternative oder Ergänzung zur repräsentativen Demokratie durch Vertreter von Parteien in Parlamenten. So wollen die Piraten verwirklichen, was sie als ihren Anspruch an die Demokratie sehen: »Demokratie bedeutet, zu jeder Zeit gezielt zu einzelnen Themen verbindlich Stellung beziehen zu können und nicht nur alle vier Jahre die Wahl zwischen Parteien mit unverbindlichen Parteiprogrammen zu haben.« Für die Piratenpartei ist *Liquid Democracy* ein wesentliches Merkmal, so wie es bei Sebastian Jabbusch nachzulesen ist, der sich in seiner Magisterarbeit im Jahr 2011 ausführlich mit dem Konzept seiner Partei beschäftigt. Er zitiert aus dem Parteiprogramm der Piratenpartei: »Die digitale Revolution ermöglicht der Menschheit eine Weiterentwicklung der Demokratie [...]. Die Piratenpartei sieht es als ihre Aufgabe an, die Anpassung der gelebten Demokratie in der Bundesrepublik an die neuen Möglichkeiten des 21. Jahrhunderts zu begleiten und zu gestalten.«

Ein erstes Argument gegen das Konzept ist, dass viele Bürgerinnen und Bürger keinen Netzzugang haben oder anstreben, so dass diejenigen die politische Meinungsbildung dominieren, die eine technische Affinität haben und die Zeit aufbringen, um sich zu beteiligen. Das ist ein ernstzunehmender Einwand. Doch wird sich in spätestens einer weiteren Generation die Zahl der Netzbenutzer voraussichtlich so weit erhöht haben, dass wir von einer flächendeckenden Nutzung sprechen können. Und begünstigt nicht auch eine Parteiendemokratie diejenigen, die Lust und Zeit aufbringen, sich in die Parteiarbeit einzubringen? Auch wird die Motivation der aktuellen Netznutzer sich einzubringen durch die neue Partizipationsform gestärkt werden. Beispiele aus Schule und Universität zeigen, dass Interesse und Beteiligung umso stärker wachsen, je niedriger die Zugangsschwelle ist. Mit *Liquid Feedback* kann unmittelbar auf politische Entwicklungen reagiert werden. Das löst auf der anderen Seite die Angst aus, dass politische Entscheidungen von kurzfristigen Stimmungsbildern verzerrt werden. Auch das ist eine berechtigte Sorge. Um sie aufzufangen, sieht das Prinzip der *Liquid Democracy* in Abstimmungsprozessen Mindestfristen vor. Zusätzlich muss man darauf hinweisen, dass auch traditionelle Berufspolitiker in Gefahr sind, auf kurzfristige Stimmungsschwankungen zu reagieren.

Eine herausragende Eigenschaft von *Liquid Democracy* ist die Wahlfreiheit, nach der es jedem Beteiligten freigestellt ist, ob er seine Interessen selbstständig vertritt oder diese Aufgabe an andere überträgt. Durch dieses Prinzip werden Delegationsketten ermöglicht, in dem Delegierte die durch sie vertretenen Stimmen weiter übertragen. Gegner weisen darauf hin, dass auf diese Weise unerwünschte Machtkonzentrationen entstehen können. Das ist in der Tat ein mögliches Problem, das die Befürworter der *Liquid Democracy* aufmerksam beobachten müssen. Nicht geklärt ist bisher, wie das freie, allgemeine, gleiche und geheime Wahlrecht ohne Einflussmöglichkeiten und Risiken technischer Manipulation von dritter Seite umgesetzt wird. Ebenso offen ist die Frage, wann die prinzipielle Transparenz über alle Abstimmungen sinnvoll ist und in welchen Situationen Abstimmungen geheim durchgeführt werden.

Trotz dieser Geburtswehen kann *Liquid Democracy* ein interessantes Programm für mehr Partizipation in politischen Entscheidungsprozessen werden. Die Frage sollte nicht sein, welche Schwächen das Programm hat. Die Frage sollte lauten, welche Chancen es bietet und wie bisherige Schwachpunkte aufgehoben werden können. *Liquid Democracy* ermöglicht themenspezifisch Entscheidungsmöglichkeiten jenseits von Parteiprogrammen oder Koalitionsvereinbarungen. Jeder kann darüber hinaus unabhängig von einem bürokratischen Petitionsverfahren selbst Initiator von Änderungsvorschlägen werden, und *Liquid Democracy* ermöglicht eine unmittelbare Partizipation an politischen Entscheidungsprozessen jenseits von Wahlterminen. Den Grad an politischer Teilnahme kann dabei jeder selbst bestimmen. Ein Pluspunkt von *Liquid Democracy* ist, dass Kritik an bestehenden Anträgen mit Alternativen oder Verbesserungsvorschlägen verbunden wird. Und bis zur Abstimmung sollen persönliche Gespräche durch einen virtuellen Austausch nicht ersetzt, sondern im besten Fall gefördert werden. In diesen Diskursen kann sich – abhängig vom jeweiligen Anlass – kreatives Potential entfalten, das in einer intelligenten und schnell lernfähigen Demokratie auch unmittelbar Einfluss auf das Abstimmungsergebnis haben kann. Das ist eine große Chance für alle, denen Bürgerbeteiligung am Herzen liegt.

Die Piratenpartei wird nach ihren Wahlerfolgen aufgefordert, mehr inhaltliche Programmatik zu entwickeln oder Köpfe zu präsentieren, die für die Leitlinien der Partei stehen. Bisherige Forderungen der Piraten gelten als utopisch oder zu chaotisch und es wird vorhergesagt, dass die Piraten sich in der parlamentarischen Arbeit den Formalitäten und Verfahren der repräsentativen Demokratie anpassen und auch intern über Ämter und Posten in Streit geraten werden. Die bisherige Entwicklung scheint diesen Prognosen recht zu geben. Und doch sollten die anderen Parteien nicht übersehen, dass es ein Bedürfnis nach einer anderen Politik- und Demokratieform zu geben scheint, und zwar in allen Schichten der Gesellschaft, wie Wähleranalysen zeigen. Sollten die etablierten Parteien den Erfolg der Piraten also nicht lieber zum Anlass nehmen, über eine demokratische Partizipationsmöglichkeit wie *Liquid Democracy* nachzudenken? Es ist vielleicht der innovativste Impuls für eine partizipatorische Belebung unserer Demokratie, der seit dem Aufstieg der Grünen zu beobachten war. Das Besondere der Piratenpartei liegt nicht im Inhalt, sondern in der Form. Marina Weisband, ehemalige Geschäftsführerin der Piratenpartei, hat dazu die Utopie formuliert, dass die Piratenpartei überflüssig wird, wenn die anderen Parteien die Idee der *Liquid Democracy* von den Piraten kopieren. Es bleibt abzuwarten, ob die etablierten Parteien diese Lernfähigkeit entwickeln.

Lars Zimmermann

Partizipation und Führung – Plädoyer für eine neue Führungskultur in Politik und Parteien

Die Debatten rund um das Thema »Bürgerpartizipation« sind allgegenwärtig. Je mehr das Vertrauen in Parteien und der Politiker in Deutschland sinkt, desto lauter werden auch die Stimmen nach mehr direkter Beteiligung und Partizipation am politischen Entscheidungsprozess.

Doch was steht wirklich hinter dem Wunsch der Bürgerinnen und Bürger nach mehr Partizipation? Ist es tatsächlich das gestiegene Bedürfnis nach mehr direkten Einflussmöglichkeiten bei politischen Entscheidungen? Ein Blick in die Realität fällt ernüchternd aus. Ganz gleich ob bei Kommunalwahlen oder Oberbürgermeisterwahlen, Volksentscheiden zur Änderung des Wahlrechts für mehr plebiszitäre Elemente oder selbst Landtagswahlen: Wird den Bürgern die Möglichkeit geboten, direkt zu entschieden und Einfluss zu nehmen, macht allzu oft nur eine Minderheit davon Gebrauch.

Dieser Widerspruch darf nicht wirklich verwundern. Er ist das Abbild der deutschen Realität eines faktisch stabilen, aber politikmüden parteipolitischen Systems, das in seiner Selbstbezogenheit in weiten Teilen von Zynismus, Desinteresse und Begeisterungslosigkeit geprägt ist. In diesem System haben sich bei Parteien und Bürgern die Ansprüche an sich selbst auf ein Minimum beschränkt, während die Anforderungen an den jeweils anderen gestiegen sind. Man verschanzt sich hinter seinen dialektischen Komfortzonen: Während sich Politiker immer noch gegenseitig versichern, die Bürger erwarteten die Lösung der Probleme, verlieren sie mehr und mehr das Gefühl für Wähler und Bürger, die in Zeiten des rasanten Wandels und steigender Komplexität mit ihren politischen Emotionen – Unsicherheit, Angst, Skepsis – nicht alleine gelassen werden möchten. Das »Management des Augenblicks«

wird von Parteien und Politikern zum Maximalprinzip politischen Handelns erklärt, »die Menschen in Deutschland« wird zur Chiffre einer ziel- und zielgruppenlosen Politik, die ihr Gespür für die gesellschaftlichen Entwicklungen mehr und mehr verliert.

»Der Bürger« hingegen artikuliert währenddessen monoton seinen Unmut in der seit Jahrzehnten andauernden Klage, die Parteien seien ununterscheidbar geworden und böten keine Alternativen und Mitgestaltungsmöglichkeiten. Wie diese Mitgestaltungsmöglichkeiten aber in einem sich weiter ausdifferenzierenden Parteiensystem aussehen könnten, überlässt er den Parteien. Stattdessen wird die idealerweise medial befeuerte Durchsetzung partikularer Einzel- oder Gruppeninteressen als Ausdruck einer partizipativen, lebendigen Bürgerdemokratie gepriesen und als Gegenmodell der Parteiendemokratie verklärt.

1. Das Ende des bundesrepublikanischen Führungsverständnisses

Für die Parteien ist diese Entwicklung ein Alarmsignal: Denn sie selbst gelten immer öfter nicht mehr als geeignete Plattform für politische Partizipation. Sie wären daher schlecht beraten, den Wunsch nach mehr Beteiligung an politischen Entscheidungsprozessen als »Zeitgeist« abzutun oder vorschnell durch die Einführung von Bürgerforen und -plattformen zu kanalisieren. Vielmehr offenbart sich eine strukturelle Veränderung der politischen Gegenwartskultur, denen die Parteien und politische Führung strukturell Rechnung tragen müssen.

Es ist die Stabilität des Parteiensystems selbst, die bei den Bürgern für Überdruss sorgt. Eine Stabilität, die als Erstarrung wahrgenommen wird, wahrgenommen durch die von Parteien und Politikern gelebte Führungskultur.

Entsprechend der bundesrepublikanischen Tradition besteht in den Parteien noch immer die rationale Vorstellung, »politische Führung« könne hierarchische Kontrolle über Entscheidungsprozesse ausüben, um ein bestimmtes (politisches) Ziel zu erreichen. Dieses alt-bundesrepublikanische Führungsverständnis hat seine

Wurzeln im hierarchisch-technischen Denken. Politische Herausforderungen werden nach diesem Denkmuster von politisch Sachkundigen und Experten innerhalb des politischen Systems gelöst, die grundsätzlichen Lösungswege und Aushandlungsprozesse sind bekannt und werden nicht wirklich in Frage gestellt.

Die großen Fragen unserer Zeit aber – ob die Umsetzung der Energiewende, der Erhalt der industriellen Wettbewerbsfähigkeit, die Lösung der Staatsschuldenkrise in Europa oder der Umbau des Bildungssystems – sind nicht mehr von technischer Natur. In ihnen stehen vielmehr adaptive Anforderungen im Vordergrund. Durch ihre Komplexität und Dynamik stellen sie neue Herausforderungen dar, deren Lösung unbekannt sind, weitreichende gesellschaftliche Auswirkungen mit sich bringen und eine Vielzahl von Akteuren betreffen, die in politische Entscheidungen mit einbezogen werden wollen. Dies erfordert vollkommen neue Handlungs-, Verfahrens- und Kommunikationsmuster, die meistens außerhalb der Politik und des parteipolitischen Repertoires liegen, sich damit selten der parteipolitischen Kontrolle unterwerfen, ein hohes Maß an inhaltlicher Kontinuität erfordern und ihre Legitimierung aus einer gesellschaftlichen Verankerung bis tief in den vorpolitischen Raum ziehen.

2. Die Zukunft politischer Führung: befähigend, interaktionsfähig, selbstbehauptend, sinnstiftend

In einer Zeit, in der der Ruf nach einer lebendigen Bürgerdemokratie immer stärker wird und die Führungsherausforderungen für unser Land zunehmend adaptiver Natur sind, stehen die Parteien in der Verantwortung, neuen Raum für die politische Partizipation zu schaffen. Die Grundlagen dafür können nur durch die Ausgestaltung einer adaptiven Führungskultur gelegt werden, die vier Prinzipien folgen muss:

Politische Führung der Zukunft ist befähigend. Vorbei sind die Zeiten, in denen Parteien allein ihre Mitglieder mobilisieren, deren Denken und Wahrnehmung kontinuierlich anpassen musste, um in der Gesellschaft Legitimation zu finden. In Zeiten eines wachsenden Bedürfnisses nach Selbstbestimmung auf der einen und eines anhaltend hohen inhaltlichen Interesses an gesellschaftspolitischen Fragen auf der anderen Seite reicht es nicht mehr aus, wenn Parteien sich als hierarchisch kontrollierten Raum für politische Teilnahme begreifen. Parteien müssen vielmehr neue Attraktivität entwickeln, um Bürgerinnen und Bürger – und nicht nur die eigenen Mitglieder – zur politischen Teilhabe zu befähigen. Dem gewachsenen Wunsch nach (spontaner) Selbstorganisation vor allem (aber lange schon nicht nur) in den jüngeren Generationen muss hier ebenso Rechnung getragen werden wie dem Wunsch, unterschiedlichste Formen der Partizipation parallel nebeneinander oder zeitlich hintereinander zu leben. Die Organisation von flexiblen, durch Parteiapparate nicht mehr vollständig kontrollierten Partizipationsräumen mit dem Ziel, Erkenntnis- und Reflexionsräume für die eigene politische Agenda zu gewinnen, wird die größte Herausforderung aller etablierten Parteien sein.

Politische Führung der Zukunft ist interaktionsfähig. Interaktionsfähigkeit beschreibt die Fähigkeit, mit andern zu interagieren, sich mit ihnen auszutauschen, mit ihnen in Kontakt zu treten. So einfach es vielleicht klingen mag: Parteien müssen ihre Fähigkeit stärken, sich auch und vor allem mit Bürgerinnen und Bürgern auszutauschen, denen der klassische Partei- und Ortsverbandshabitus fehlt. Politische Führung muss Haltung zeigen: neugierig gegenüber neuen Themen sein, zuhören können, Freude am politischen Gestalten vermitteln, den Mut haben, Konflikte offen auszutragen oder bewusst mit dem Scheitern oder Niederlagen umzugehen. Nur eine Politik, die Haltung zeigt, schafft eine emotional wahrnehmbare Bande zwischen sich und der Gesellschaft. So kann es gelingen, die Organisationsformen der politischen Parteien gegenüber neuen gesellschaftlichen Themen anschlussfähig zu machen und neue Perspektiven für das eigene politische Selbstverständnis einzunehmen. Eine solche Interaktionsfähigkeit ist die Voraussetzung dafür, die gesellschaftliche Gegenwartskultur zu verstehen, auf deren Basis sich die Berechtigung ableitet, Politik für die Zukunft zu machen. Man kann es auch plakativer formulieren:

Wenn das Mega-Innovationsthema unserer Zeit, das Internet, von allen etablierten Parteien bis heute in seiner Tiefe und Bedeutung nahezu unerschlossen und oftmals fremd bleibt, sagt das viel über die Interaktionsfähigkeit der Parteien mit der Gesellschaft aus.

Politische Führung der Zukunft ist selbstbehauptend. In Zeiten adaptiver Herausforderungen kommt es besonders auf die Fähigkeit politischer Führung an, Beschlüsse glaubwürdig und selbstbewusst zu vermitteln mit dem Ziel, Orientierung und Sicherheit zu geben. Das hierfür notwendige Ausschöpfen und die Erweiterung des eigenen Gestaltungsspielraums setzt seitens der Parteien und ihrer Politiker große Souveränität und Mut voraus, besonders dann, wenn in einer medial aufgeheizten Gesellschaft die politische Meinungsbildung oft polarisiert wird. Selbstbehauptung zeigt gesamtgesellschaftliches Verantwortungsbewusstsein von Politik, die in unserer repräsentativen Demokratie der einzige demokratisch legitimierte Raum für politische Entscheidungen ist. Politische Führung, die diesen Selbstbehauptungsanspruch offensiv vertritt, kann glaubwürdig und aufrichtig innerhalb von politischen Entscheidungsverfahren mehr Beteiligung und Willensbildung organisieren. Sie muss es sogar, will sie sich ihre Handlungslegitimität im vorpolitischen Raum dauerhaft sichern.

Politische Führung der Zukunft ist sinnstiftend. Die etablierten Parteien haben in den letzten Jahren ihre emotionale Bindungskraft mehr und mehr verloren. Nicht politisches Desinteresse ist die Ursache, sondern – im Gegenteil – ein neuer spezifischer Interessenmix der Bürger, der nicht mehr gesellschaftlichen Gruppierungen oder Milieus zuzuordnen ist. Auch wenn die Wünsche und Erwartungen der Bürgerinnen und Bürger sich zunehmend ausdifferenzieren, so ist ihnen gemein, dass sie sich einer sozialen Gemeinschaft zugehörig fühlen möchten, über die sie Sicherheit und Orientierung erfahren wollen.

Eben diese Sinnstiftung ist eine der Hauptbrachen der Politik. So gehört zu den dringlichsten Aufgaben politischer Führung, ein übergeordnetes Narrativ zu entwickeln, das an die gesamte Gesellschaft gerichtet ist. Die pragmatischen Verheißungen der politischen Strömungen – von links-sozialistisch bis zu öko-bürgerlich, von liberal-sozialdemokratisch bis zu christlich-demokratisch – haben ihre Anziehungskraft weitestgehend verloren.

Der Bürger ist kein rationaler Konsument von politischen Entscheidungen, sondern ein emotionales Affektwesen, das von politischer Führung besonders in Zeiten immer höherer Komplexität stetige Einordnung von gesellschaftlichen Entwicklungen ebenso einfordert wie Orientierung in einer Welt, die schnelllebig und oftmals unübersichtlich erscheint.

Politische Führung hat die Aufgabe, ein Narrativ zu entwickeln, das unsere Gesellschaft als soziale Gemeinschaft definiert, in der sich die Wünsche und Erwartungen des Einzelnen realisieren lassen und die gleichermaßen Sicherheit für Veränderung verspricht. Man mag nicht das Wort der »Vision« benutzen; doch eine klare Vorstellung, von dem, was die Gesellschaft zusammenhält und wohin sie sich entwickeln soll, darf politische Führung nicht mehr vorenthalten.

So widersprüchlich es vielleicht sein mag: In dem berechtigten Wunsch der Bürgerinnen und Bürger nach mehr Partizipation an politischen Entscheidungsprozessen liegt eine der größten Chancen für Politik und Parteien, verlorengegangenes Vertrauen wieder aufzubauen und ihren Primat innerhalb des politischen Systems zu festigen beziehungsweise wiederzuerlangen. Diese Chance kann jedoch nur dann genutzt werden, wenn Parteien der Versuchung widerstehen, neue Teilhabeformate oder Gesprächsforen in ihre bestehende Organisationsstruktur einzubetten. Die Transformation dieser Organisationsstrukturen selbst ist der Hebel, um eine neue Führungskultur zu etablieren, die Partizipation zum Grundprinzip politischer Aushandlungsprozesse macht.

Führung und Beteiligung sind dabei kein Widerspruch, sondern zwei Seiten einer Medaille. Bewusst miteinander verzahnt und wahrhaftig umgesetzt, führen sie zu einer Revitalisierung der Parteien und unserer repräsentativen Demokratie. Partizipation braucht Führung, weil sie Meinungen in konkrete Ergebnisse transformiert und auf breiter Basis umsetzungsfähig macht. Politische Führung ihrerseits braucht Partizipation, will sie ihre gesellschaftliche Akzeptanz nicht verlieren.

Das wird nicht jeden »Wutpolitiker« überzeugen, der in seiner Enttäuschung über die Undankbarkeit des Wählers dem politischen Geschäft nicht mehr zutraut als die hektische Bearbeitung der Gegenwart. Und auch den »Wutbürger« mag es nicht von seiner Überzeugung abbringen, politische Partizipation ließe sich als Abrechnung mit den Parteien fernab der Politik am besten organisieren. Was bleibt, ist das Augenmerk auf zwei Spezies im politischen Biotop zu richten, die weitaus häufiger vorkommen als allgemein angenommen: der »Mutbürger«, der bereit ist, mit seinem Engagement und seinen Zielen die Parteien zu verändern, und der »Mutpolitiker«, der die Größe hat, eben das zuzulassen und aktiv mitzugestalten.

Christian Schüle

Verantwortungsfähigkeit – Gemeinwohlstand – Partizipation: drei Leitideen im Diskurs

Die Denker für morgen haben zum jetzigen Diskussionsstand zum Zusammenhalt der Gesellschaft diese drei Herausforderungen identifiziert:

1. Die Verantwortungsfähigkeit und Verantwortungsbereitschaft der Bürger zu stärken;
2. Die Rahmenbedingungen eines neuen Wohlstands- und Wachstumsverständnisses zu schaffen;
3. Die Partizipation der Bürger an politischen Entscheidungen zu ermöglichen und zu fördern.

In Detailfragen unterschiedlicher Auffassung, sind wir uns im Grundsätzlichen darüber einig, dass eines der augenfälligsten politischen Probleme in der Bundesrepublik der von vielen empfundene Mangel an Wegen und Möglichkeiten zur Partizipation an demokratischen Prozessen ist. Damit einhergehend stellen wir eine Kluft zwischen Politik und Bürgern sowie eine Vertrauens- und Legitimationskrise eines zum Teil exzessiv interpretierten kapitalistischen Systems sowie staatlicher und nicht staatlicher Institutionen fest. Was muss geschehen, dass gerade jüngere Menschen für Mitwirkung und Engagement an der *res publica*, der Sache, die uns alle angeht, begeistert werden können? Aus den Debatten und Diskussionen der Denker für morgen haben sich während der vergangenen zwei Jahre drei Oberbegriffe herausgeschält, die wir jeweils aufeinander bezogen und deren Realitätstauglichkeit wir immer wieder aufs Neue durchdacht haben: Partizipation, Gemeinwohlstand und Verantwortungsfähigkeit. Diese Begriffe bilden nach Ansicht der Denker für morgen ein veritables Fundament, auf dem die hinlänglich bekannten Probleme Deutschlands als einer offenen und liberalen Demokratie verhandelt werden könnten: das demografische Defizit und die Überalterung der Gesellschaft; die Teilhabe möglichst aller Menschen an Bildung sowie der Zugang möglichst aller zu Bildungsinstitutionen; die Integration von Nichtdeutschen und sozial Abgehängten; schließlich der Umbau des Sozialstaats unter dem Aspekt öko-ethischer Nachhaltigkeit.

Um Wachstum auch künftig denkbar zu machen, bedarf es unserer Auffassung nach einer Erweiterung des Begriffes von Wohlstand. Dafür wurde der Begriff »Gemeinwohlstand« gefunden. Gemeinwohlstand fragt nach den qualitativen Merkmalen und Bedingungen eines Wohlstands, der sich überindividuell auf eine regionale oder globale Gemeinschaft bezieht. Während wirtschaftliches Wachstum eine Voraussetzung von Wohlstand im allgemeinen Sinne bleibt, bezieht Gemeinwohlstand soziale, ökologische und persönliche Faktoren mit ein. Jedem Einzelnen wird dabei der Anspruch von Verantwortung zugeschrieben, indem heutiges Handeln mit künftigen Folgen in Beziehung gesetzt wird. Jeder von uns wird aufgefordert, über sein eigenes Wohlergehen hinaus auch das der Gemeinschaft im Blick zu haben. Wir verstehen Wohlstand zunächst als persönliches Wohlergehen, das in einer umfassenden individuellen Zufriedenheit Ausdruck findet. Wichtige, für jeden Einzelnen jedoch unterschiedlich bedeutsame Wohlstandsfaktoren sind unter anderem intakte menschliche Beziehungen, Gesundheit, Bildung, Arbeit, Einkommen, frei verfügbare Zeit sowie Frieden und die Perspektive, dass es Wohlstand auch in Zukunft geben wird. Obwohl der Wohlstandsbegriff individuell geprägt ist, lässt sich eine Reihe von Grundbedürfnissen nennen, die universellen Charakter haben und gewissermaßen die Basis für jeden individuell definierten Wohlstand bilden: körperliche Unversehrtheit; individuelle Sicherheit; materielle Grundversorgung sowie eine intakte Umwelt. Diese Eigenschaften finden ihren Ausdruck in den universellen Menschenrechten, die umfangreiche Freiheits-, Gleichheits- und Teilhaberechte festschreiben und so den Gedanken von Freiheit, Gleichheit und Brüderlichkeit in die jeweilige Gegenwart übertragen. Die Frage nach den Grenzen der eigenen Selbstverwirklichung, die der Sicherstellung der Rechte und Freiheiten anderer dient, wird erst dann interessant und in Entscheidungs- und Abwägungsprozessen relevant, wenn nach der Ausdehnung des eigenen Verantwortungsbereichs gefragt wird: Wie steht es mit dem Wohlstand der Einwohner des eigenen Landes oder dem aller Menschen des Planeten – und was ist mit zukünftigen Generationen? Um Wohlstand und Wohlergehen in diesem Sinne garantieren zu können, hat jede Gesellschaft in jeder Generation aufs Neue das Verhältnis von Verantwortlichkeit, Verantwortungsbereitschaft und Verantwortungsfähigkeit ihrer Bürger zu klären. Wo sind die Grenzen der Eigenverantwortung? Wie ist das Verhältnis zwischen kollektiver und individueller Verantwortung beschaffen? Welche neuen Gratifikationen sind für gesellschaftliches Engagement denkbar? Gehört es zu den Grundaufgaben des Staates, seine Bürger auf allen angesprochenen Ebenen »verantwortungsfähig« zu machen?

Es wurden drei Formen der Verantwortung des Individuums in Gesellschaft unterschieden:

- Personale Verantwortung (Handlungsverantwortung)
- Institutionelle Verantwortung (Systemverantwortung)
- Praktische Verantwortung (Regelverantwortung).

Das Grundprinzip von personaler, institutioneller und praktischer Verantwortung liegt in der Überzeugung begründet, dass jedes Individuum nicht nur Anerkennung verdient, sondern aktiv am Gemeinwesen teilnehmen und am politischen Geschehen der *res publica* partizipieren können soll. Verantwortung leitet sich aus zugeschriebenen Rechten und grundsätzlichen Pflichten des Individuums zu einerseits Selbstsorge in der Gesellschaft und andererseits Sorge für die Gesellschaft ab. Im staatsbürgerlichen Kontext hat das Individuums per se Verantwortung gegenüber dem anderen (personale Verantwortung). Daran schließt sich die Frage an, ob Verantwortung gegenüber der Gesellschaft (institutionelle Verantwortung) gelernt, anerzogen und ob – und wenn ja: wie? – der Einzelne zur praktischen Verantwortung befähigt werden kann. Der Staat kann dabei nicht allzuständig sein, hat aber dennoch eine wichtige Rolle. Verantwortung bezeichnet unserer Auffassung nach das selbststeuernde Handeln eines Individuums in der Gesellschaft – sowohl normativ (immer bereits gültig), als auch situativ (auf jeweilige Kontexte bezogen). Verantwortung weist also einen persönlichen und sozialen Bezug auf und ist Voraussetzung für eine lebendige und gleichberechtigte Partizipation mündiger Bürger, welche wiederum Bedingung für eine multilaterale Gesellschaft von morgen ist.

»Partizipation« bedeutet mehr als nur Teilnahme oder Beteiligung. Man kann an einem Konzert als Zuschauer teilnehmen und an einer Veranstaltung beteiligt sein, ohne im Sinne einer aktiven und gleichberechtigten Teilnahme zu partizipieren. Unechte Partizipation liegt beispielsweise vor, wenn Fremdbestimmung vorherrscht und Partizipation allenfalls in Form von Alibi-Aktionen auftritt. Oder wenn sie der bloßen (etwa allein medienwirksamen) Zierde eines Machtträgers dient, ohne dass etwas Weiteres nachfolgt. Das Interesse eines Bürgers, an der Gestaltung seiner Gesellschaft aktiv zu partizipieren, setzt neben vielen anderen Faktoren vor allem eines voraus: Der Bürger muss verstehen, woran er teilnehmen kann und soll. Da die politischen Spielräume im staatlichen Handeln durch budgetäre Rahmenbedingungen meist begrenzt sind, wäre eine Möglichkeit, unter diesen Bedingungen Beteiligung zu schaffen, die Realisierung nonmonetärer Austauschverhältnisse. Sie zielt darauf, die Beteiligung der Menschen an Erfahrung, Wissen, Zeit und weiteren Ressourcen zu entkapitalisieren, um den Einzelnen zu ermächtigen, seine Möglichkeiten zur Beteiligung selbst auszuloten und zu vermehren. So wird eine grundlegend veränderte Form der Beteiligung verfasst, welche sich nicht an der Verfügbarkeit von Geldmitteln, sondern an der von Humanressourcen im besten Sinn orientiert.

Um den beabsichtigten Gemeinwohlstand gesellschaftliche, ökonomische und politische Realität werden zu lassen, darf es nicht zum Konflikt zwischen dem persönlichen Wohlstandsbegriff des Individuums und dem des gesellschaftlich definierten Gemeinwohls kommen. Für den Gemeinwohlstand spielen Faktoren wie Freiheit, Sicherheit, Gesundheit, Partizipation und Bildung eine große Rolle. Gemeinwohl sollte als Teil des individuellen Wohlstandsbegriffs verstanden und der individuelle Wohlstandsbegriff somit ethisch fundiert werden, indem er auf Empathie und Kooperation basiert. Gemeinwohlstand ist ein Wohlstand, der auch das Wohlergehen anderer im Sinn hat und die damit verbundene Verantwortlichkeit für andere. Beispielsweise trägt das Wohlergehen von Familienmitgliedern und Freunden zum persönlichen Wohlstandsgewinn bei, steht also einer individuellen Wohlstandsmaximierung nicht im Wege. Demgegenüber können Konflikte zwischen eigenem Wohlstand und dem Wohlergehen anderer vor allem dann entstehen, wenn der räumliche und zeitliche Abstand groß ist – wenn also kein unmittelbarer Bezug des eigenen Handelns auf andere deutlich wird. Grenzenloses Streben nach Selbstverwirklichung führt unweigerlich zu gesellschaftlichen Spannungen, die negative Konsequenzen für das Zusammenleben haben und damit schließlich auch die eigene Selbstverwirklichung einschränken. Diese pragmatische Sicht dominiert noch immer den gesellschaftspolitischen Diskurs. So werden beispielsweise die Herausforderungen des Klimawandels als Zukunftschance beschrieben, die es erlaubt, Wirtschaftswachstum, Arbeitsplätze und letztlich Wohlstand auch in Zukunft zu sichern, ohne die individuelle Verantwortung zu berücksichtigen, die darin bestünde, die Konsequenzen von Klimaveränderungen in besonders stark betroffenen Regionen der Erde einzudämmen. Problematisch an einer solch pragmatischen Begründung des Wohlstands ist, dass die (mitunter nicht-intendierten) Auswirkungen individuellen Handelns desto schwieriger fassbar werden, je weiter räumlich und zeitlich entfernt sie eintreten. Das pragmatische Modell bedarf deshalb immer zumindest einer ethischen Unterstützung und Basis und der Verantwortung des Einzelnen.

Gemeinwohl und Gesellschaft funktionieren auf Dauer nur, wenn die Bürger eine bejahende Beziehung zu dem Gemeinwesen ausprägen, in das sie per Geburt oder durch Zuzug eingewoben sind. Starke Bindungen hängen von langen Zusammenhalten ab, die wiederum von bewährtem Vertrauen und dieses schließlich von der Loyalitätsbereitschaft des Einzelnen. Der gewissen Ermattung herkömmlicher Institutionen (namentlich Gewerkschaften, Kirchen und Parteien) unter der Logik der Entgrenzung entspricht eine Ermüdung der Loyalitäten unter der Logik der Optimierung.

Als soziales Wesen aber benötigt das Individuum dauerhaft das Gefühl von Solidarität. Der Begriff Verantwortung stellt dabei grundsätzlich fest, dass niemand sein eigenes Leben ohne einen Bezug zur (Solidar-)Gemeinschaft definieren kann. Die ökonomische Realität des klassischen Wohlstandsbegriffs (der deutlich gegen den neuen Begriff »Gemeinwohlstand« abgegrenzt wird) hat das zentrale Anliegen der gesamten bürgerlich-humanistischen Tradition ignoriert und geschliffen: dass nämlich jede freie, das heißt nichtdespotische Regierungsform einer Identifikation vonseiten ihrer Bürger bedarf. Das setzt voraus, dass die Bürger einen Sinn für die Zugehörigkeit zu ihrem Gemeinwesen haben. Dieses Solidaritätsgefühl ist der normative Nukleus jeder sozialen Gemeinschaft; nur so kann Verantwortung gedeihen. Unserem vom christlichen beziehungsweise humanistischen Menschenbild geprägten Selbstverständnis zufolge tragen wir Verantwortung für die Folgen unseres Handelns, weil wir als Menschen grundsätzlich verantwortungsfähig sind. Verantwortungsfähig zu sein, setzt zum einen Handlungs- und Entscheidungsspielräume, zum anderen Urteilsfähigkeit und Mündigkeit voraus, um die Folgen des eigenen Handelns und Unterlassens abschätzen zu können. Verantwortungsfähigkeit bedeutet, erstens, die Folgen des eigenen Handelns im Blick zu haben, und zweitens, mit Blick auf diese Folgen so zu handeln, dass neben den eigenen Interessen und Bedürfnissen auch die Interessen und Bedürfnisse anderer angemessen Berücksichtigung finden. Nun ist Verantwortungsfähigkeit für sich genommen noch keine hinreichende Bedingung dafür, dass Menschen tatsächlich auch verantwortlich handeln. Zur Verantwortungs-Befähigung muss auch die Verantwortungs-Bereitschaft kommen: das Gefühl, (mit)verantwortlich zu sein, der Wille, Verantwortung für das Ganze zu übernehmen. Beides zusammen, Verantwortungsfähigkeit und Verantwortungsbereitschaft, sind nötig, um gelingende Partizipation zu ermöglichen und auf dieser Grundlage einen durch soziale und ökologische Nachhaltigkeit definierten Gemeinwohlstand zu organisieren. Verantwortung wird meist als Gefühl moralischer Verpflichtung empfunden – einem anderen Menschen, der Gesellschaft, der Umwelt gegenüber. Kein Gemeinwesen, an dem jeder Einzelne partizipieren soll, ist dauerhaft legitimierbar ohne bewusste, emotionale Identifikation mit seinen tragenden Grundwerten. Hinzu kommt, dass der Einzelne über sein Engagement für das Gemeinwesen nicht allein rational, sondern aus Neigung und Überzeugung entscheidet. Partizipation setzt also das Gefühl moralischer Selbstverpflichtung voraus, Verantwortung für das Gemeinwesen zu übernehmen. Der Wille an politischer Partizipation wird zwar oft an konventionellen Indikatoren wie etwa der Wahlbeteiligung festgemacht, doch sind die Partizipationsmöglichkeiten in der Gesellschaft so vielfältig wie ihre Teilnehmer, weshalb die Förderung und Steigerung von Partizipation beim Einzelnen selbst und in der Auseinandersetzung mit seinem unmittelbaren Umfeld ansetzen sollte. Von da aus kann sie ihre Kreise ziehen.

Verantwortungsbereitschaft wächst mit den Möglichkeiten zur Teilhabe und Teilnahme an Gesellschaft. Mitsprache- und Partizipationsmöglichkeiten stärken die Verantwortungsbereitschaft. Das zeigt sich beispielsweise in Kommunen, die Bürgerhaushalte eingeführt haben: Wer mitentscheiden kann, befasst sich auch mit Budgetrestriktionen, statt einfach nur weitere monetäre Wohltaten zu fordern. Wenn Menschen an Entscheidungen beteiligt werden, wächst erstens die Akzeptanz für das Ergebnis und zweitens die Bereitschaft, zu notwendigen Veränderungen beizutragen und dafür Verantwortung zu übernehmen. Aus dem grundsätzlichen Mangel an gemeinsamen großen Bezugspunkten und der durch die Globalisierung nivellierten Unterschiede zwischen Staaten, werden unserer Meinung nach künftig dem Nahraum, dem unmittelbaren sozialen Umfeld und dezentralen Verantwortungsgemeinschaften eine große Bedeutung zuwachsen. Solche Verantwortungsgemeinschaften sind zum Beispiel kommunale Quartierförderprogramme, die an die Eigeninitiative der Teilnehmer gekoppelt sind und von dieser leben. Quartiere sind Geborgenheitsräume, nach denen viele Menschen, gerade in der Großstadt, suchen – Räume, in denen der sich Engagierende soziale Anerkennung erfährt, was wiederum seine Engagementbereitschaft für den anderen und das Ganze fördert. Um den Anreiz dieses Engagements zu steigern und auch nicht-intrinsisch motivierte Individuen zu motivieren, könnten bestimmte staatszeremonielle Gratifikationsformen oder Auszeichnungen wie etwa ein Engagementpass dazu beitragen, Verantwortungsbewusstsein für das Ganze aus Überzeugung zu entwickeln. Jedenfalls sind Rahmenbedingungen notwendig, unter denen wir uns nicht allein auf altruistische Motive verlassen müssen – auf den Wunsch, anderen zu helfen und die Welt zu verbessern –, sondern innerhalb derer wir davon ausgehen können, dass auch das wohlverstandene Eigeninteresse zu verantwortlichem Handeln führt. Als Geborgenheitsraum können auch jene Plattformen dienen, über die sich Nahraumstrukturen ausbilden: Menschen bringen in bürgerschaftlichem Engagement ein, was sie gut können und gerne tun, und können dafür bei Bedarf auch auf die Hilfe anderer zurückgreifen. So entsteht ein neuer Begriff von »Heimatlichkeit« als dasjenige Umfeld, in dem und für das ich mich verantwortlich fühle. Die Verbundenheit mit dem Umfeld fördert eine aus der Identifikation mit dem Nahraum resultierende Verantwortungsbereitschaft sowie Verantwortungsinteresse und ermöglicht jedem, jenseits politischer Gremien und Parteien das eigene Umfeld aktiv mitzugestalten und mitzubestimmen. Auf diese Weise ergibt sich auch eine politische Naht zum solidarischen Gemeinwohlstand, wenn durch Kooperation Individual- und Gemeinwohl verschränkt werden. Wichtig ist und bleibt allerdings das Bewusstsein, dass die Voraussetzungen für individuellen Wohlstand, für individuelle Sicherheit und individuelle Freiheit nur gemeinschaftlich organisiert werden können.

Die unmittelbare Konsequenz einer Erweiterung des Wohlstandsbegriffs zu einem Gemeinwohlstand ist das modifizierte Verständnis von Wachstum. Die Weltgemeinschaft gefährdet auf ihrem derzeitigen Entwicklungspfad weitgehend ungebremst die natürlichen Lebensgrundlagen (z. B. durch menschengemachten Klimawandel und Biodiversitätsverlust, zur Neige gehende Wasservorräte, Übernutzung des Bodens) und erzeugt und verstärkt zumindest in besonders betroffenen Regionen soziale und letztlich existentielle Krisen. Durch die zunehmende Interdependenz nicht nur in wirtschaftlicher Hinsicht hätte wachsende lokale Instabilität auch globale Konsequenzen (zum Beispiel jene von Umweltflüchtlingen oder sogenannten »failing states«). Das würde einen langfristig angelegten Gemeinwohlstand in jedem Fall betreffen, wenn nicht bedrohen. Da rein materielles Wachstum über kurz oder lang an seine Grenzen stoßen wird, sollte in Zukunft nachhaltiges Wachstum im Mittelpunkt stehen. Wachstum und Wohlstand können nachhaltig gedacht und praktiziert werden, wenn eine langfristige Perspektive auf Wachstumsprozesse und Wohlstandsmodelle institutionell verankert wird. Dies betrifft zum einen eine Quantifizierung natürlicher Ressourcen, etwa im Rahmen von Marktmechanismen des bisher weitgehend kostenlos genutzten »Naturkapitals«. Hieran schließt das Konzept der »Ökosystem-Dienstleistungen« an, welches Biodiversität und menschliches Wohlergehen verbindet. Zum anderen geht es um die Internalisierung externer Effekte, also der bisher nicht in Marktpreisen berücksichtigten Schäden, die von der Allgemeinheit getragen werden. Unter Annahme eines umfassenden Verständnisses von Gemeinwohlstand sollte sich nachhaltiges Wachstum in globaler Hinsicht so darstellen, dass es nicht auf Kosten anderer Nationen oder Kontinente betrieben wird (durch Wechselkurskriege oder Protektionismus), da dies gravierende politische, wirtschaftliche und soziale Folgen zum Nachteil aller zeitigen kann und – in der Folge – auch die Rechte künftiger Generationen einschränkt. Bei den politischen Bemühungen, etwa im Rahmen der G20, das globale Wirtschaftswachstum zu forcieren, müssen daher auch die Interessen der Entwicklungsländer mit einbezogen werden. Auch auf der Ebene der Bundesrepublik Deutschland sollte eine Hinwendung zu einem nachhaltigen Wachstum erfolgen, etwa durch »Informationspflichten« wie die Angabe eines »ökologischen Fußabdrucks« und der Kohlenstoffdioxid-Emission von Produkten, die Unternehmen und Verbraucher für die Folgen ihres Handelns in Verantwortung nehmen. Grundsätzlich besteht die gesellschaftspolitische Herausforderung darin, antizipatorisch und auf Basis wissenschaftlicher Einsichten zu handeln, noch ehe unmittelbare Bedrohungen die Menschen zum raschen und damit tendenziell fehleranfälligen Handeln zwingen. Dieses vorausschauende Handeln ist ebenso praktizierte Verantwortung wie etwa die Einrichtung der politischen Institution eines »Umwelt-Ombudsmanns« auf allen administrativen Ebenen.

Ohne Zweifel setzt die Verantwortungsfähigkeit und -bereitschaft des Einzelnen eine gewisse materielle Grundversorgung voraus, die bislang vornehmlich mit den Mitteln des klassischen Wohlstands geleistet wurden. Salopp formuliert: Moral und Verantwortung muss man sich leisten können. Umgekehrt trägt, wer mehr besitzt, auch mehr Verantwortung. Wer von Hartz IV lebt, hat weniger Möglichkeiten, global ethisch korrekt und verantwortlich zu handeln als jemand, der nicht auf jeden Cent schauen muss. Gewisse Handlungsspielräume hat jeder – aber nicht für alle sind diese Handlungsspielräume gleich groß. Die materielle Situation definiert Budgetrestriktionen für Handeln und Unterlassen und ist damit eine Rahmenbedingung, von der Verantwortungsfähigkeit abhängt. Die Unübersichtlichkeit der Handlungsfolgen in hochgradig arbeitsteiligen Gesellschaften und in der globalisierten Wirtschaft stellt hohe Ansprüche an die politische und ökonomische Bildung des Einzelnen. Verantwortungsfähigkeit setzt deshalb voraus, die Folgen des eigenen Handelns abschätzen zu können. Dies ist, zumindest was die Ebene der gesellschaftlichen (Mit-)Verantwortung betrifft, in modernen, globalisierten Gesellschaften kaum ohne politische, ökonomische und ethische Bildung möglich. Unser gegenwärtiges Bildungssystem aber bereitet Menschen darauf nur unzureichend vor. Schulen und Universitäten sind nicht auf die Ausbildung mündiger Bürger zugeschnitten, sondern orientieren sich verstärkt an vermeintlichen Imperativen des Arbeitsmarktes und an ökonomischen Erfordernissen. Diese Schlagseite könnte der Grund für die Unfähigkeit sein, die Folgen des eigenen Handelns zu reflektieren und in politische, gesellschaftliche und ökonomische Zusammenhänge einzuordnen. Nach Ansicht der Denker für morgen sollten Schule und Bildungsinstitutionen deshalb generell mehr Raum für die Auseinandersetzung mit den Voraussetzungen gesellschaftlichen Zusammenhalts und verantwortlichen Handelns bieten und geben sowie die dabei jeweils divergierenden Lernvoraussetzungen berücksichtigen. Kita, Grund- und weiterführende Schulen könnten in noch stärkerem Maße als bisher als Ort der Mitbestimmung aufgefasst werden, an dem junge Menschen unter pädagogischer Anleitung demokratische Rechte und Pflichten zur Gestaltung von Lehrformen oder auch Inhalten gewährt werden. Die Mitgestaltung der eigenen Umwelt bedeutet eine direktere Einflussnahme auf die Projekte und Maßnahmen, die die Lebenswelt des Einzelnen unmittelbar betreffen. Des weiteren ist an Kreativspielräume zu denken, die Kitas und Schulen in regional organisierten Bildungslandschaften bereits aufweisen, um – besonders an sozialen Brennpunkten – flexibel auf die Bedürfnisse vor Ort einzugehen. Regionale Bildungslandschaften verknüpfen Schulen mit der Lebenswelt und schaffen ein Bildungssystem, in dem auch über die Schulzeit hinaus lebenslanges Lernen möglich ist. Schule sollte nicht zuletzt eine Schule zum demokratischen Bewusstsein, zu Teilhabe und Teilnahme werden. Durch praktische Formen des Lernens in der Schülermitverantwortung in Schulparlamenten erfahren heranwachsende Menschen, dass man etwas bewegen und mitgestalten kann, wie man eigene Vorstellungen durchsetzt oder für Mehrheiten wirbt. Schließlich können Bildungspatenschaften mit dem jeweiligen Umfeld, mit sozialen Einrichtungen oder Unternehmen in der Region ein zu allen Seiten sensibilisiertes Verantwortungsbewusstsein ermöglichen. Dies liegt auch im Interesse der Arbeitgeber, denn Unternehmer stehen zunehmend unter moralischem Rechtfertigungsdruck und brauchen Beschäftigte, die Bildung und ethische Sensibilität mitbringen.

Beim Thema Beteiligung denkt man seit Sommer 2010 unwillkürlich an das Projekt »Stuttgart 21«, und jeder kennt weitere Projekte aus seiner Nachbarschaft, etwa die Instandsetzung einer Straße, die Demonstrationen und langfristige Blockaden von Entscheidungen hervorrufen können. Dabei handelt es sich keinesfalls um neue Phänomene. Spätestens seit den 1960er Jahren sind die als unkonventionelle Formen der Partizipation bezeichneten Bürgerinitiativen, Demonstrationen und Petitionen auf der politischen Tagesordnung zu finden. Die mediale Präsenz der Proteste und Diskussionen um »Stuttgart 21« und die Auswirkungen auf die Politik lassen aber vermuten, dass zukünftige Großprojekte nur noch durchgeführt werden können, wenn ein belastbarer Konsens zwischen Bürgern, Projektträgern und der politisch verantwortlichen Ebene gelingt. Das gilt für Projekte, die ohnehin eine Beteiligung durch Planfeststellungsverfahren erfordern und mit Hilfe der neuen Medien transparenter gestaltet werden könnten. Und es gilt auch für kleinere Vorhaben, an denen eine Beteiligung zu größerer Akzeptanz der Bürger und einer höheren Zufriedenheit führen könnte.

Der Aufstieg des Internets zum prägenden Kommunikationsinstrument hat dazu geführt, dass alle einen höheren Level an Transparenz und frühzeitige Informationsversorgung erwarten; gleichzeitig hat die Verbreitung der Internetkommunikation mit sich gebracht, dass wir unsere Meinungen schneller verbreiten, Gleichgesinnte finden, Gruppen koordinieren und ein Momentum generieren können. Obwohl viele Bürgerbewegungen, Proteste und Petitionen inzwischen online gestartet werden, wird das Internet von politischen Entscheidungsträgern bei Projekten im öffentlichen Raum oft unzureichend oder zu zaghaft genutzt. Die elektronischen Kanäle bieten viele unausgeschöpfte Möglichkeiten, um betroffene Bürger auf zukünftige und aktuelle Projekte im öffentlichen Raum aufmerksam zu machen; frühzeitige, transparente Information kann spätere Konflikte verhindern. Über bestehende Social Networks wie Facebook, Google+ und Twitter, Blogs, mobile Apps, Newsletter, SMS-Services, etc. können Informationen schnell und kostengünstig übermittelt werden. Dabei können Bürger individuell auswählen, in welchen Gebieten und zu welcher Art von Vorhaben im öffentlichen Raum sie auf dem Laufenden gehalten werden wollen. Projektvorhaben im öffentlichen Raum sollten genau so einfach auffindbar sein wie eine Postanschrift bei Google Maps. Bevor an einer Straßenecke gebaut wird, sollte es möglich sein, über eine geeignete Suchmöglichkeit schnell Informationen darüber zu finden, wie lange die Maßnahme dauert, wer sie durchführt und was deren Zweck ist. In einem zweiten Schritt könnten Interessierte und Betroffene Stellung zu den vorgelegten Planungen nehmen. Sie erhalten damit die Möglichkeit, Ideen für die Umsetzung einzubringen. Diese Art der Partizipation lässt sich unter die Kategorie Konsultation fassen. Hier bieten sich interaktive Web-Plattformen mit Voting-Mechanismen an. Eingaben sollten möglichst niederschwellig erfolgen können, um früh einen Konsens für eine Verbesserung zu erzielen. Daran knüpft sich die Hoffnung, dass nach einem prinzipiellen Bekenntnis zu einem Projekt in frühem Stadium spätere Blockaden minimiert werden. Ein dritter Schritt der Mitentscheidung im Sinn der Kooperation wäre schließlich darin zu sehen, dass Betroffene und Interessierte bei der Entwicklung von Vorhaben mitbestimmen. Gemeinsam mit den Verantwortlichen könnten Ziele ausgehandelt und deren Ausführung und Umsetzung geplant werden. Digital organisierte Partizipation könnte sogar zur Selbstverwaltung reichen, bei der die Bürgerinnen und Bürger (Anwohnerinnen und Anwohner, Verwaltung und andere) ihre Stimme abgeben und damit eine verbindliche, gemeinsame und von vielen legitimierte Entscheidung treffen. Für öffentliche Projekte könnte auf Bundesebene eine offene Softwarelösung entwickelt werden, die in jeder Kommune zum Einsatz kommt. Sicherlich können diese basisdemokratischen Elemente bestehende, repräsentative demokratische Prozesse nicht ersetzen, aber sie können sie sinnvoll ergänzen. Letztlich lässt sich durch derartige Beteiligungsmöglichkeiten an Projekten auch das Verständnis des Bürgers für seinen Bezirk, seine Stadt und sein Land vergrößern, und generell sind diese Kommunikations- und Partizipationsangebote, die natürlich Kosten mit sich bringen, auf lange Frist auch ökonomisch sinnvoll.

Da uns der traditionelle Wachstumsbegriff für ein Wohlstandsverständnis des 21. Jahrhunderts ungeeignet scheint, gibt es die Chance, im Begriff des »Gemeinwohlstands« zugleich einen vergleichsweise neuen sozialen Wohlstandsfaktor mitzudenken: den Faktor »Zeit«. Zeit ist von zunehmend hoher Bedeutung für den individuellen immateriellen Wohlstand, durch »Zeitwohlstand« erfährt der Wohlstandsbegriff eine inhaltliche, auf individuelle Lebensqualität ausgerichtete Ausdehnung, die der Erweiterung von Wachstum in sozialer und psychologischer Hinsicht Rechung trägt. »Zeitpolitik« verfolgt das Ziel, jedem Menschen die Teilhabe am sozialen und kulturellen Leben zu ermöglichen, das innerhalb und außerhalb der Arbeit stattfindet. Zeitpolitik – stets im Zusammenspiel mit anderen Politikfeldern, wie z. B. der Sozial-, Familien-, Gesundheits- oder auch der Umweltpolitik zu denken – zielt auf die zeitliche Neugestaltung der Arbeits- und Lebensbedingungen ab. Vor allem hinter dem »Recht auf eigene Zeit« verbirgt sich der Anspruch, Selbstbestimmung in der persönlichen – und damit auch zeitlichen – Lebensgestaltung als ein zentrales Grundrecht zu betrachten. Umsetzen ließe sich dieses Grundrecht zum Beispiel im Rahmen eines »Lebensarbeitszeit-Kontos«, das ermöglichen würde, Arbeitszeiten flexibel an persönliche – biografisch bedingte und lebensphasenabhängige – Bedürfnisse anzupassen. Auf diese Weise könnte die Phase der drei wohl aktivsten und in zeitlicher Hinsicht anspruchsvollsten Lebensjahrzehnte der etwa 20- bis 50-Jährigen, wirksam entzerrt werden.

Der Paradigmenwechsel von einem Wohlstandsbegriff, der primär auf wirtschaftliches Wachstum ausgerichtet ist, hin zu einem qualitativen Gemeinwohlstandsbegriff kann nicht per Dekret erfolgen. In einer demokratisch verfassten Gesellschaft muss um gesellschaftliche Akzeptanz für eine solche Kurskorrektur – in Anbetracht der Tatbestände ließe sich auch von einem erforderlich gewordenen Kurswechsel sprechen – ausreichend geworben werden. Zum einen wird die Abkehr vom traditionellen Wohlstandsbegriff vielfach mit Wohlstandsverlusten und Verzicht assoziiert. Daraus dürften sich rasch Vorbehalte ergeben – wer mag schon gern auf Erreichtes verzichten? Zum anderen bleiben die Gründe für die Notwendigkeit eines Kurswechsels respektive Kurskorrektur häufig abstrakt und wenig greifbar. Die Botschaft sollte daher lauten: Die Neuausrichtung des Wohlstandsbegriffs bedeutet nicht Verlust, sondern Sicherung von Wohlstand unter geänderten Rahmenbedingungen. Neben der Notwendigkeit einer ethisch begründeten Verantwortung für das Wohlergehen aller Menschen auf dem Globus sind die Kausalketten, die eine Veränderung des Wohlstandsmodells erfordern, möglichst konkret zu machen. In einer entgrenzten Welt bleibt es – zumindest auf längere Sicht – nicht ohne Auswirkungen auf unser Leben, wenn Überflutungen, Bodenerosionen und Nahrungsknappheiten in anderen Teilen der

Welt Gesellschaften destabilisieren. Auch die Konsequenzen einer Umsteuerung müssen offen und ehrlich angesprochen werden: Ein Umstieg auf erneuerbare Energien bedeutet unter Umständen, dass mehr Windräder in der Nachbarschaft aufgestellt werden und dass der Strom teurer wird. Der Weg muss dabei über Partizipation und Lokalisierung führen, um die Konsequenzen individuell erlebbar zu machen. Anders formuliert: Nur durch gelebte Partizipation lässt sich Akzeptanz erreichen.

Ausschlaggebend dafür und für die Bereitschaft, sozial aktiv zu werden, ist das Vertrauen auf Chancengleichheit und gleichberechtigte Teilhabe. Das heißt: die Aussicht darauf, dass das eigene Handeln die eigene Situation verbessern kann. Genau dieses Vertrauen ist bei manchen Gesellschaftsgruppen kaum vorhanden gewesen oder mit der Zeit einer Resignation gewichen, die von sozialer Exklusion begleitet wird. Partizipationsresignation herrscht in Deutschland vor allem bei Gruppen mit Migrationshintergrund und in sozialen Brennpunkten. Sozialer Aufstieg und damit gesellschaftliche Partizipation ist eng an den Bildungsstand gekoppelt. Aus diesem Grund sollte jeder Bürger, zumindest prinzipiell, Zugang zu allen Bildungsmöglichkeiten haben – nicht um den Menschen auf einen Arbeitsmarkt vorzubereiten, auf dem alle Entwicklungen offen sind, sondern um ihm die Fähigkeit zu vermitteln, sich selbständig Wissen anzueignen, anzuwenden und weiterzugeben. Die Eltern sollten in diesen Bildungsprozess einbezogen und ihre Bemühungen unterstützt werden. Gleichberechtigte Teilhabe kann in einer sozial und auch ethnisch heterogenen Gesellschaft nur durch Differenzierung geschehen. Das erfordert ein individualisiertes Bildungs- und Beteiligungssystem. Weil niemand zum jetzigen Zeitpunkt wissen kann, welches System das leistungsfähigste ist, sollten die Landesregierungen sich weniger Gedanken darum machen, welche Schulform die beste ist, sondern Vielfalt garantieren und das Augenmerk auf die Verbesserung und die Entwicklungsmöglichkeiten der einzelnen Schulen richten. Stadtteile mit heterogenen Nachbarschaftsverhältnissen haben weniger Probleme als solche mit homogenen Wohnstrukturen. Es ist eine stadtplanerische Herausforderung, Heterogenität zu ermöglichen und zu bewahren; vermutlich werden wir ohne Handeln der Kommunen kein sinnvoll verteiltes Spektrum an Mietwohnungen erzeugen. Der Zugang zu Eliteschulen ist für benachteiligte Gruppen aus vielen Gründen besonders schwer, weshalb Brennpunktschulen verstärkt gefördert werden sollten. Allerdings wird der Zugang zu Bildungsmöglichkeiten bereits seit Jahren gefordert und nur nach Maßen umgesetzt.

Förderung von Chancengleichheit und Teilhabe ist nicht nur Aufgabe politischen Handelns, sondern erfordert auf subsidiärer Ebene partnerschaftliches Handeln. So kann ein Maßnahmenkatalog notwendig sein, er kann aber ein eigenes Umdenken nicht ersetzen; man muss selber nach diesen Maximen handeln und sie vorleben. Wünschenswert wäre eine Gesellschaft, die sich der Fundamente einer kategorischen – also verbindlichen und absoluten – Verantwortung im Sinne der freiheitlich-demokratischen Grundordnung bewusst ist, um daraus eine pragmatische – situationsgerechte – Verantwortung zu begründen. In der heutigen Gesellschaft gibt es eine allgemeinverbindliche Verabredung nicht mehr, von der sich eine gemeinsame und individuelle Verantwortung ableiten lässt. Weil die großen bindenden Ideen und Visionen weitgehend passé zu sein scheinen, sind neue Bezugs- und Ansatzpunkte vonnöten. Inwieweit die Förderung von Verantwortungsfähigkeit eine pädagogische Aufgabe des Staates und/oder individuelle Selbstverpflichtung ist, setzt die Frage voraus, woraus sich die Verantwortung des Individuums in der Gesellschaft ableitet und worauf diese Verantwortung ausgerichtet ist. Um den Anreiz dieses Engagements zu steigern, könnten bestimmte staatszeremonielle Gratifikationsformen oder Auszeichnungen wie ein von der Bundesrepublik Deutschland verliehener »Engagementpass«, den es auf kommunaler Ebene bereits gibt, Verantwortungsbewusstsein für das Ganze aus Überzeugung entwickeln – immer dann, wenn dem Individuum von außen eine Aufgabe für die Gemeinschaft angetragen wird, die es, einmal ergriffen, wiederum als zur Verantwortung befähigt erweist. Neben Quartieren könnten als Geborgenheitsraum jene Plattformen dienen, über die sich Nahraumstrukturen ausbilden. Menschen bringen in bürgerschaftlichem Engagement ein, was sie gut können und gerne tun, und können dafür bei Bedarf auch auf die Hilfe anderer zurückgreifen. So entsteht ein neuer Begriff von »Heimat« als dasjenige Umfeld, für das ich mich verantwortlich fühle. Heimatverbundenheit fördert eine aus der Identifikation mit dem Nahraum resultierende Verantwortungsbereitschaft sowie Verantwortungsinteresse und ermöglicht jedem, jenseits politischer Gremien und Parteien das eigene Umfeld aktiv mitzugestalten und mitzubestimmen. In ökonomisch organisierten Strukturen neuer Heimaten verschmelzen Individual- und Gemeinwohl idealerweise zu einem solidarischen Gemeinwohlstand. Ob und wie jene Nah- oder Geborgenheitsräume politisch, sozial, kulturell organisiert werden können, schließt vor allem die Überlegung mit ein, wie angesichts eines rein auf Kompetenzen und Berufsqualifikation abgestellten gegenwärtigen Bildungssystems die staatsbürgerliche Verantwortungsfähigkeit des Individuums generell generiert und als praktische wie institutionelle Verantwortung gefördert werden kann.

In der künftigen Gesellschaft sollte die Politik zur Förderung eines konstruktiven Wissens- und Erfahrungsaustauschs zwischen Kindern und Senioren unserer Auffassung nach zwei Hauptaufgaben verfolgen. Die kommunikative Aufgabe zielt darauf ab, der Gesamtbevölkerung ein Verständnis dafür zu vermitteln, dass die ältere Bevölkerung einen entscheidenden Beitrag zur materiellen und ideellen gesellschaftlichen Wertschöpfung leisten kann und zunehmend auch muss. Gleichzeitig soll ein Bewusstsein dafür geschaffen werden, dass die ältere Generation von der Neugierde und Aufgeschlossenheit der jungen Generation neuen Ideen und Technologien gegenüber profitiert. Bei der zweiten, der gestalterischen Aufgabe geht es darum, dass die Politik auf lokaler, nationaler und evtl. auch transnationaler Ebene Angebote entwickelt, die den intergenerationalen Wissens- und Erfahrungsaustausch zwischen Kindern und Jugendlichen und Senioren fördern. Dabei sind diese Angebote als Initialzünder anzusehen, die nicht die zentralen Interaktionspunkte zwischen den Generationen darstellen, sondern Lust an intergenerationaler Interaktion wecken sollen. Ziel ist weiterhin, dass sich die Angebote mittelfristig aus individuellen oder marktwirtschaftlichen Motiven selbst tragen, so dass die Angebote auch ohne langfristige finanzielle Unterstützung durch die Politik existieren können. Konkrete Maßnahmen seitens der Politik könnten die staatlich noch besser geförderte Einbindung von Senioren auch außerhalb ihrer eigenen Familien in Teile der Kinderbetreuung – insbesondere bei berufstätigen Paaren und alleinerziehenden Vätern/Müttern – sein. Leih-Großeltern können ferner eine komplementäre Perspektive auf unsere Gesellschaft und unsere Geschichte bieten, wenn zum Beispiel in einer Familie die Großeltern verstorben sind oder nicht mehr in regelmäßigem Kontakt zu den Kindern stehen. Eine weitere Option könnte die Etablierung von interdisziplinären und intergenerationalen Erfahrungsforen auf der kleinsten sinnvollen Ebene einer sozialen Gemeinschaft (Haus/Wohnanlage/Ortsteil) zu gemeinsamen Interessen und Herausforderungen; Orte für diese Erfahrungsforen könnten die lokalen Geborgenheitsräume oder Schulen sein, wo mit der pädagogischen Unterstützung von Lehrern eine Brücke zwischen den Generationen geschlagen werden würde – etwa, wenn Kinder Senioren im Umgang mit und beim Zugang zu aktuellen Kommunikationsmöglichkeiten helfen oder wenn Senioren ihr Wissen und ihre Lebenserfahrungen über den direkten Austausch mit den Kindern teilen. Für einen weiteren Anreiz eines effektiven Austauschs zwischen den Generationen kann auch das Zeitkonten/Zeitbanken-Modell organisiert werden – Senioren könnten hier ihre Zeit für ein »Mentoring« einsetzen, Kinder umgekehrt ihre Zeit für Hilfe im Haus und Garten sowie für Lehrstunden mit Computern und dem Umgang mit dem Internet nutzen.

Inwieweit die Gesellschaft den erweiterten Begriff des Gemeinwohlstandes fasst und inwieweit ethische oder praktische Aspekte im Vordergrund stehen, ist von Antworten auf folgende Frage abhängig: Wie hoch wird der Wohlstandsanspruch räumlich weiter entfernt lebender Menschen bewertet? Wie stark werden die Rechte künftiger Generationen berücksichtigt und welche Konsequenzen werden aus diesen Einschätzungen gezogen? In welchem Maße die Bürgerinnen und Bürger ein breites Konzept von Gemeinwohlstand zu tragen bereit sind, ist auch von der weiteren Entwicklung des weltweiten kulturellen Wandels abhängig, der die Reichweite des gesellschaftlich angestrebten Gemeinwohlstands bereits erheblich ausgedehnt hat: Eine *Global Governance*, die unsere regionalen, nationalen und globalen Ansprüche so aufeinander bezieht, dass die Erkenntnis der Grenzen globaler Ressourcen unmittelbar im politischen und ökonomischen Handeln verankert wird, ist für manche Regionen und Bevölkerungsgruppen schon heute überlebensnotwendig. Ein Beispiel für ein mögliches Zusammenspiel von Ethik und Pragmatik in globalem Maßstab bietet der internationale Klimaschutz. Vieles spricht dafür, dass konkrete Maßnahmen vor allem auf der Grundlage pragmatischer Entscheidungen getroffen werden, den notwendigen gedanklichen Hintergrund aber könnte – insbesondere für die Bürgerinnen und Bürger westlicher Industriestaaten – ein Konzept der Klimagerechtigkeit bieten. Mit »Klimagerechtigkeit« ist das gleiche Recht aller Menschen an der Atmosphäre gemeint. Daraus folgt, dass alle Menschen das gleiche Recht auf Treibhausgas-Emissionen haben und gleichermaßen für die Folgen ihrer Emissionen verantwortlich sind. Beide Grundsätze lassen sich tatsächlich nur sehr schwer in die Tat umsetzen, denn manche verursachen mehr Treibhausgase, andere werden stärker vom Klimawandel betroffen sein. Daher müssen Ausgleichsmechanismen geschaffen werden. Es lässt sich beispielsweise ein maximaler CO_2-Ausstoß pro Kopf und Jahr innerhalb eines begrenzten Globalbudgets ableiten. Über Handelsmechanismen kann ein Ausgleich zwischen den weltweit höchst ungleichen Pro-Kopf Emissionen erzielt und gleichzeitig Mittel für eine emissionsarme Entwicklung in ärmeren Ländern mobilisiert werden. Und die Menschen in den vom Klimawandel nur geringfügig betroffenen, aber stark emittierenden Regionen müssen Kompensationsleistungen in Form von technischer und finanzieller Unterstützung oder Landpacht an diejenigen tätigen, die besonders stark unter dem Klimawandel zu leiden haben. Dieses Konzept kann sowohl überregional und global als auch zeitlich, also intergenerational, gedacht werden. Das Konzept der Klimagerechtigkeit entspringt dem Gedanken der Gleichberechtigung aller Menschen und der Tatsache, dass das Klima ein öffentliches Gut ist. Zugleich sollte aber auch das Bewusstsein dafür geschärft werden, dass das derzeitige Wohlstandsmodell eine Reihe von Defiziten aufweist. Ein Zugewinn an materiellen Werten kann heute häufig nur unter Verzicht auf immaterielle Werte (wie etwa den bereits skizzierten »Zeitwohlstand«) erreicht werden. Eine neue Austarierung des Verhältnisses von materiellen und immateriellen Werten stellt einen Gewinn an Lebensqualität und Wohlergehen dar. Tatsächlich wächst in Teilen der Gesellschaft die Bereitschaft, auf einen weiteren Zuwachs an materiellem Wohlstand zugunsten von immateriellen Werten zu verzichten; der Begriff des reflektierten, also bewussten »Verzichts« wird zum Teil bereits positiv besetzt. Ausgehend von einem erweiterten Verständnis von Gemeinwohlstand, das gängige Wachstums- und Konsumlogiken neu bestimmt, bilden schließlich systemische Veränderung sozialer, kultureller und technischer Art die Grundlage, damit dieser Paradigmenwechsel auch gesamtgesellschaftlich gelingt.

Gemeinwohlstand und Partizipation sind Leitbegriffe, deren Voraussetzung Verantwortungsfähigkeit und Verantwortungsbereitschaft der Bürger ist. Beide sollten deshalb als politische und gesellschaftliche Gestaltungsaufgabe wahrgenommen werden – als etwas, das sich zu fördern lohnt (Politik) beziehungsweise als etwas, in das man investieren kann (Wirtschaft). Politikverdrossenheit und Resignation gegenüber gesellschaftlichen Missständen untergraben Verantwortungsbereitschaft und Verantwortungsfähigkeit und zehren damit an Ressourcen, auf die ein Staat, eine Gesellschaft und auch die Wirtschaft und jedes einzelne Unternehmen angewiesen ist. Wünschenswert erscheint uns schließlich, dass sowohl in der Politik als auch in der Wirtschaft ein neues Verständnis von Führung ankommt – Führung, die sich nicht auf die Vermittlung fertiger Ergebnisse beschränkt, sondern zu Partizipation und Verantwortung einlädt und befähigt. Führen sollte heute heißen: Menschen zur Übernahme von Verantwortung zu befähigen und ihnen verantwortliches Handeln auch zuzutrauen. In der Politik versteht man Führung häufig noch als Anspruch, Menschen Sicherheit zu geben – auch mit Versprechen, auf deren Erfüllung Politik nur geringen Einfluss hat. Umgekehrt erwarten viele Bürger von der Politik, dass diese sich wie ein Gemeinwohldienstleister um alles kümmert. Politik wird häufig konsumiert, nicht mit-gestaltet. Die häufig wahrgenommene Distanz zwischen Politik und Bürgern hat also sowohl mit falschen Versprechungen als auch mit falschen Erwartungen zu tun, wobei die Allmachtsfiktion des Politikers die Konsumentenhaltung des Bürgers bedingt und umgekehrt. In der Wirtschaft wiederum wird Führung häufig noch mit Autorität und einsamen Entscheidungen gleichgesetzt. Das entspricht aber nicht mehr dem Selbstverständnis und den Zielen insbesondere der jungen Generation. Viele hervorragend ausgebildete Nachwuchskräfte verzichten immer häufiger auf eine lineare Karriere in einem Unternehmen und machen sich selbständig. Eine Unternehmenskultur mit einem hohen Maß an Freiheit und Verantwortung für den Einzelnen macht Unternehmen attraktiv für hoch qualifizierten Nachwuchs. Wir regen an, dass unsere Gratifikationssysteme erweitert werden: Die Auszahlung von Boni an Führungskräfte z. B. darf sich nicht allein an betriebswirtschaftlichen Parametern orientieren, sondern sollte auch an die Zufriedenheit von Mitarbeitern und am Beitrag zu gesellschaftlich wünschenswerten Zielen (etwa der Förderung von Diversität) geknüpft sein.

All unsere Gedanken und Vorschläge zu Partizipation, Gemeinwohlstand und Verantwortungsfähigkeit haben eines zur Voraussetzung: Freiheit. Partizipation, die auf Verantwortungsfähigkeit wie Verantwortungsbereitschaft der einzelnen Bürger basiert, kann nur dann gelingen, wenn sie freiwillig vollzogen wird.

Der *Club of Rome* hat 1979 bereits das Dilemma zwischen Freiheit und Partizipation formuliert: »Effektive Partizipation setzt das Streben des Menschen nach Integrität und Würde voraus, sowie seine Bereitschaft, die Initiative zu ergreifen. Obwohl das Recht zu partizipieren garantiert werden kann, können weder die Partizipation selbst noch die damit verbundene Pflicht und Verantwortung ›gegeben‹ oder weggegeben werden.«

Die Freiheit des Einzelnen zu schützen und zu garantieren, ist und bleibt die vordringliche Aufgabe jeder Politik von morgen. Die Freiheit zu gestalten, ist die Chance und möglicherweise Pflicht des einzelnen Bürgers.

Autorenverzeichnis

Dr. Mechthild Baumann
ist Politikwissenschaftlerin, Dozentin und Politikberaterin und beschäftigt sich mit den Themen Europa, Migration und Sicherheit.

Markus Berger
ist Politikwissenschaftler. Er arbeitet als Referent im Bereich Außenpolitik, ist verantwortlich für Reden und Texte und beschäftigt sich mit Fragen regionaler und internationaler Entwicklung.

Dr. Alexander Brakel
ist Historiker und Experte für Wirtschafts- und Innovationspolitik. Er forschte u. a. zum Thema »Werte und Wertewandel in Moderne und Postmoderne«.

Priv.-Doz. Dr. Christoph Busch
ist Rechtswissenschaftler und forscht zu den Themen Europäisches und Internationales Privatrecht und beschäftigte sich u. a. mit den Möglichkeiten der Dienstleistungsnormung.

Jonathan Imme
ist Musikwirt und kreiert partizipative Veranstaltungsformate – von der (Un)Konferenz bis zum mehrwöchigen Innovationscamp.

Dr. Daniel Klingenfeld
ist Experte für Energie- und Klimapolitik. Er leitet das Büro des Direktors am Potsdamer Institut für Klimafolgenforschung.

Dr. Roland Krause
ist Bioinformatiker und Genomforscher, der mit computergestützten Verfahren Gene und ihre Funktionen analysiert, um die Entstehung von Krankheiten zu erklären.

Dr. Martin Lätzel
ist Theologe, Publizist und Bildungsmanager. Er engagiert sich für Lebenslanges Lernen und gesellschaftliche Transformationsprozesse.

Dr. habil. Sebastian Martens
ist Jurist und wissenschaftlicher Referent. Er legt in seiner Forschung die Schwerpunkte auf Deutsches und Europäisches Privatrecht und Rechtsvergleichung.

Dr. Oliver Müller
ist Philosoph und Autor, der u. a. zur Selbstverortung des Menschen in der technischen Welt forscht, auch mit Blick auf biomedizinische Anwendungsfragen.

Dr. Ralf Retter
ist Historiker und Politikwissenschaftler und arbeitet als Referent im Themenspektrum von Klimapolitik, Fragen der Global Governance, G8, G20 und Entwicklungspolitik.

Dr. Nadine M. Schöneck
ist Soziologin und arbeitet als Zeitforscherin. Ihr Forschungsgebiet reicht von der Zeitsoziologie bis zur vergleichenden Wohlfahrtsstaatsanalyse.

Christian Schüle
ist Philosoph, literarischer Autor und Publizist und widmet seine Texte und Arbeiten vornehmlich gesellschaftlichen, kulturellen und politischen Wandlungsprozessen.

Caroline Waldeck
ist Philosophin und Autorin. Sie leitet das Referat »Reden, Texte, Strategische Planung« im Bundesfamilienministerium.

Hergen Wöbken
ist Ökonom, Systemtheoretiker und Strategieentwickler. Er berät als Gründer und Geschäftsführer des Instituts für Strategieentwicklung (IFSE) Organisationen aus Wirtschaft, Kultur und Politik.

Lars Zimmermann
ist Wirtschaftsgeograf und beschäftigt sich mit der Innovationsschnittstelle Wirtschaft, Wissenschaft und Politik.